U0111707

大展好書　好書大展
品嘗好書　冠群可期

大展好書　好書大展
品嘗好書　冠群可期

武術特輯

67

楊少侯太極拳
用架真詮

李 璉 編著

大展出版社有限公司

吳圖南先生像

楊少侯先生像

吳圖南先生與夫人劉桂貞的合影

吳圖南先生生前風采

馬有清先生像

馬有清先生與吳圖南先生合影

作者向馬有清老師行拜師禮

吳圖南先生演練太極拳

吳圖南先生演示太極拳的「發放」

作者在吳圖南先生家中

吳圖南先生給作者講解推手

馬有清先生向作者傳授推手方法

單擺蓮

發放

鼓蕩

斜飛勢

1989 年，法國電視二台錄製
作者演示的太極拳、太極刀

在日本成立中國太極功研究會日本分會、吳圖南太極拳研究會，
並和日本會員合影

日本會員在表演太極拳

為吳圖南夫人劉桂貞做百歲壽辰

與吳圖南先生夫人在吳圖南墓前合影

吳圖南先生陵寢碑文

　　夫世人云：「事事皆有緣分。」余誠信之。余自幼耽嗜武術，但苦無人授。十六歲時（一九六八年），偶遇吳圖南師爺，蒙師爺不棄，授以太極拳法。其始，師爺予以定勢，所謂定勢者，屬太極拳傳統練法，每動皆要停三至六呼吸。因其練法單調，初學者難免枯燥，故常常有人未竟而退。幸喜余生性愚鈍，惟有信篤，雖腰酸腿痛，卻依然不敢懈惰。師爺教餘，有異於他人，或三日，上一勢；或七日，上一勢。余甚不解，幾欲詢問而又止。但師爺卻洞悉我心，捋髯笑曰：「練太極拳要像吃橄欖，不能像吃脆棗。」寥寥一語，使我頓開茅塞。自是再練，則心安氣靜，細細體會拳中三昧，故再無乏味之感。

　　日月如梭，一教一練，轉眼半年。經半年之定勢教練，余不但腰腿功底見長，更令其浮躁之心性，漸而變得清靜了許多。

　　此後師爺又依次授予太極拳連勢、太極劍法、太極拳玄玄刀、太極拳推手、太極拳用架及部分太極功法。自一九六八年至一九八九年，二十年間常侍奉師

爺左右，耳提面命，受益匪淺。

　　一九八九年師爺仙逝，正蹉跎徘徊間，被馬有清老師毅然收入門牆，並繼續傳予太極功法。

　　師爺臨逝之時，曾叮囑云：「人死，道不能滅。」竊而冥思，幾十年來雖受師爺、老師樂道遺榮之感化，惟教授之恩實不敢忘，所習之拳法亦不敢自秘。故奮切編摩，心殫厘定，僭肆著述，今作引玉之石，希能為弘揚太極拳事業盡涓滴之奉，以報師爺、老師泓浩之恩澤。

李璉

於北京

根茂實自遂　膏沃其光曄
——記武術名家、太極泰斗吳圖南先生

一、我所認識的吳圖南先生

我認識吳圖南先生是 1968 年初春的事了，當時我僅 16 歲，正在上中學。一天放學，正和同學們一起走在回家的路上，忽見一位老者迎面而來。只見他容光煥發，神采奕奕，帶著一副黑色水晶茶鏡，花白的頭髮整齊地向後梳著，蒼髯隨風飄擺。一身寬大的中式藍布褲掛，足下一雙千層底布鞋，一根黃藤拐杖掛在胳膊彎上，右手提著一個褪了色的黑布包，懸頂立腰，龍驤虎步，飄然走在人群中，火紅的夕陽灑滿全身，更增添了老者的風采。

一股敬意自心底油然升起，我對身邊一位姓柳的同學說道：「呵，這位老先生真精神哪！」可巧這位姓柳的同學和師爺是街坊，他告訴我說：「這位老先生是吳圖南，原來是武術協會副主席，本事可大了！」我忙說：「能給我介紹介紹嗎？」「不行，老先生從不教小孩，怕打架惹事。不過我知道他在天文館練拳。」

我聽了並沒灰心，一連 3 個月坐在天文館的臺階上看師爺教大人們練習太極拳，直到有一天師爺讓人把我叫到身邊，問明究竟，開始教我太極拳了為止。從此太極拳就與我

結了伴，師爺也和我結下了不解之緣。

　　師爺教太極拳和別人不同，他從定勢入手，既而連勢、推手、刀劍⋯⋯一板一眼，十分認真。開始練定勢時，對於每一個動作要停幾次呼吸，我們中間有的人不明白，便去問師爺。師爺回答說：「老師怎麼教我，我怎麼教你們。定勢是吳家練習功力的拳法，是太極拳的基本功，開始一定要好好練習才是。」師爺從不誇誇其談地講那些虛浮的東西，平時看著大家練拳，如果哪裡不對馬上一絲不苟地加以糾正，我們把這稱之為「掰拳」。

　　他常常一邊往煙斗裡填煙葉，一邊回憶往事說：「我們教拳的不是賣拳的，你們是練拳的不是說拳的。所以，練才是最根本的。當年我們在鑒泉先生拳房裡學拳時，常常挨老師的竹棍。練起拳來，即便是在冬天，地上也能見到一溜汗跡。到了少侯先生那兒就更慘了，乾脆把你趕到八仙桌子底下去練。只有練才能讓功夫上身。功夫嘛，就是時間的積累啊！」我那時還小，只能一面聞著師爺煙斗裡冒出帶有辛辣味的輕霧，一面似懂非懂地記下了老人說的話。

　　師爺都八十幾歲的人了，還不辭勞苦地為我們示範著每一個動作。他打練架時，如行雲流水，氣勢磅礴，中正圓活，鬆柔虛靈；打用架時，靜如山岳，動如脫兔，穩脆輕靈，蕩擊合一；練刀時，刀中融有功法，形似鷲擊，劈、截、斬、托，奇巧中不失沉穩；練劍時，起落推挽，狀如鳳舞，擊、刺、格、洗，平穩中又具輕靈。看完後，師爺再讓我到天文館的玻璃門前照著鏡子模仿，直至姿勢像了為止。看師爺練拳真是一種享受。光陰似箭，日月如梭，三十多年

過去了，回想起來，那神態依然歷歷在目。

當時正是「文革」時期，練習太極拳和提倡養生長壽，常常被人誣蔑成宣傳封建、搞活命哲學。師爺曾難過地對我說：「這是中國人的文化遺產，活得時間長有什麼不好，對人民貢獻還多呢。我自在西北聯大（抗戰時期）以來就開始研究太極拳健身了，沒想到現在被人說成是搞活命哲學了。」老人家也有辦法，不知從什麼地方找來了一本「紅寶書」，其中有一句話大意是這樣的：有了病不要著急，既來之則安之。要散散步，游游泳，打打太極拳。自此師爺便有了練習太極拳的「理論依據」。後來有誰再說師爺搞活命哲學，老人就給他讀毛主席語錄。

和師爺推手是十分令人懷念的事情。記得剛開始學習推手時，師爺每每將我輕輕地向牆上送，後來漸漸地向牆上發放，師爺說這叫「貼碑兒」。等我內氣足了，完全不怕打了，才開始任意發放。和師爺推手時，時而像激流放舟，時而像遭電擊，時而吸氣無底，時而氣塞胸中……感覺不一，不勝枚舉。

記得有一次在天文館練罷拳，師爺見四周無人，就對我說：「你嘗過太極勁嗎？」我很奇怪地說：「您天天打我用的不就是太極勁嗎？」他說：「是，不過今天讓你嘗個足的！你先活動活動。」「不用了。」

我隨說隨向老人伸出了手，誰知剛剛和他手一接觸，身體就像觸了電一樣，哆哆嗦嗦任其擺布，忽然又像被電擊了一下，雙腳離地騰空飛出。我極力想用雀躍之法解其勁道，但終是不能，最後還是仰面朝天倒在水泥地上，又像在冰上

一樣溜出了好遠才停住。我起身一看，離老人足有十五六公尺遠，身上的衣服也被搓破了幾處。我依仗年輕，全然不顧，跳起來又跑到師爺面前，衝著師爺伸手又是一下。師爺盯著我，前手食指朝前一探，我心裡忽悠一驚，就覺得氣沖到喉頭，人也腳跟離地懸了空，隨之又感到腰間被人托了一下，眼前一片空白，人竟師爺肩頭飛到身後，我急忙藏頭縮背一個翻滾躺在地上，半天才緩過勁兒來。

這種從肩頭扔到身後的打法，我只挨過一次，也從沒再見過。師爺說過，「凌空勁也叫失驚手，是雙方剎那間精氣神的組合。應用要具備條件，抓住時機，在一瞬間用神拿住對方，方能奏效。若你給瞎子使凌空勁就沒用。」

吳圖南師爺從少年時代就立志尚武強國，上中學時他就說過：「中國欲求自強，非人人有尚武之精神不可，欲求人人有尚武之精神，非練習國術不可⋯⋯」師爺早在20世紀20年代就著書立說，力圖大力推廣太極拳以尚武強國。他認為國術僅供少數人研究是不行的，必須要「普及於我中國，強族強種，利莫大焉」。中央國術館張之江館長看了《科學化的國術太極拳》書稿以後，十分贊賞，提筆疾書道：「圖南先生，自衛奮鬥，強種救國。」

另外，師爺還主張用科學化的方法整理太極拳著作，在書中明確地說：「凡太極拳之合於力學及心理，本乎生理和衛生者無不詳細伸論，故名之曰科學化的國術太極拳⋯⋯」他在書中闡前人之秘，著《打手論》，總結了練習太極拳的打手目的和剖析了懂勁的要領。在《國術概論》中，師爺不但較為廣泛地對中國各派武術的發展史、套路名目、練習秘

要加以論述，更振臂高呼：「希我國術同志，努力團結，發揚先哲特創之技能，宣傳中國惟一之國粹。互相砥礪，共同奮勉。使我中華民族，能與世界列強，並駕齊驅，國術之功，豈不偉哉！」

看了這段話後，我們不能不認為這是一位愛國志士的鏗鏘之論。

師爺還主張將國術制定到學校教程中去，主張從兒童練起，而且還系統地制定了教案。這種想法與做法，就自秘其技的舊時代來講，不能不說是進步的、開明的。其中師爺提出學習無國界，廣集外來有益之學補充國術，使其能走出國門，發揚光大。

另外，又對《打手論》加以補充，書中利用科學的方法對推手進行了分析，提出要使周身的如意肌能靈活地為己所用，才能做到周身無一處不輕靈，無一處不堅韌，無一處不沉著，無一處不順遂。如此，久而久之形成條件反射，就可以「不用顧盼擬合，信手而應，縱橫前後，悉逢肯綮」，方算懂勁。如此恆練體悟，即能練得「處處總此一虛實」，到達「全身透空」和「發於機先」的高級階段。

多年以來，師爺潛心研究，以自身做試驗，總結出用太極拳養生健身、武術技擊的系統練習方法，即太極拳的四種功——著功、勁功、鬆功、氣功。這四種功不但是四個練習階段，而且它們之間還存在著相互滲透、相互補充、相互促進的關係。若能掌握它，則有著事半功倍的效果。師爺還試用生物電理論來解釋太極拳的高級階段。

此外，師爺提出要將太極拳練習科學化、實用化、生活

化和普及化的主張，這一主張的實施加速了太極拳功夫的提高，使其更有效地發揮其強體健身、養生長壽的作用。吳圖南師爺對武術發展的貢獻不僅僅在於教了多少人，更主要的是他跨時代地指出武術的發展方向，故而他的一生對太極拳和武術的發展有著卓越的貢獻。

吳圖南師爺是位博學的人，我和他聊天就如同在知識的海洋中遨遊。為了向老人多學習一點東西，我每天在西直門城門洞下等著老人，同他一起走到天文館，又和他一同走回家。在這段路上，我們不知留下了多少腳印與歡聲笑語。

當時正值「文革」期間，學校全都停了課。那時候師爺除教我太極拳、太極劍、太極刀、太極拳小架與一部分太極功以外，還指導我學習了中國古代漢語、中國歷史、哲學史，閱讀了《老子》《莊子》等古籍。他不止一次地講：「做人要具備仁、義、禮、智、信，要正直，要有道德。」記得有一次師爺生了病，幾天沒去天文館，我覺得老人生活太清苦了，就向父母要了點錢，買了兩隻燒雞用報紙包了，又為了避開他人的眼睛，少給被「管制」的師爺、師奶找麻煩，就把燒雞揣在大衣裡面，溜進了師爺那間僅有七八平米的小屋。沒想到詭秘的樣子卻引起了師爺的懷疑，他嚴厲地對我說：「小李子，你這雞是哪裡偷來的，快給人家送回去。」我委屈地說：「是買的。」師爺反問：「你是學生，崩子兒沒掙，哪兒來的錢吶！」我急忙說：「我看您病了，很著急，這是和爸爸要的。」師爺聽了，責怪說：「大人掙錢不容易呀，可別亂花錢。你快拿回去吧！」我只好說：「這是我爸爸的意思，您留下吧！」師爺見我執意不拿，才

勉強留下。

日後師爺又親自到我家中向我父母道謝。從那時候起，師爺常常到家裡來與父親聊天。父親以前不喜歡我練拳，自從和師爺認識了以後，就把我放心地交給了他。在那個特殊的年代裡，師爺不但教我練拳，還教我如何做人。

師爺又是位考古學家，曾和齊白石、徐悲鴻等人一起任教於北平藝專，後來又在故宮博物院和北京文物考古工作隊中任職。師爺對陶瓷學研究造詣頗深，曾著《中國陶瓷學》一書，大畫家徐悲鴻先生為其題寫了書名。

據說師爺在「文革」前住在西直門曉安胡同１號時，東屋裡有一間專門放置古玩瓷器的房間，「文革」中被造反派抄走，後來所還無幾。即使在他生活最困難的時候，師爺也沒有放棄過對陶瓷的研究。那時，我陪他走在天文館與西直門之間的路上，老人有時突然站住，用手杖撥弄著埋在土裡的碎瓷片，讓我把它挖出來，用手擦抹乾淨，在手上翻來覆去地看，然後一面像寶貝一樣地揣進兜裡，一面嘴裡滔滔不絕地講唐三彩、宋瓷、明瓷、官窯、柴窯等等的特點。我似懂非懂地聽著，稀裡糊塗地也記不住。但是，我知道在他的床下有一個大箱子，裡面盛滿了撿回來的陶瓷片。凡有人拿來古瓷器，老人一看就能說出是什麼年代、哪一種窯燒的。晚年，老人用陶瓷暗喻太極拳的修練，曾咏詩一首：「遍訪名窯追根底，收盡窯片萬萬千。始悟窯成需火候，抽添變化自身間。外賴諸釉來保護，內惟水火便多端。溫養完成千年用，自成名器萬年傳。」

師爺為人寬厚，十分平易近人。他出身富貴人家，曾上

過京師大學堂、中法大學，又曾在許多大學中任過教，是一位既有學識又有身份的長者。但他從不因此而瞧不起別人，可以說上對達官而不卑、下對貧漢而不亢。他和任何身份的人都能聊到一起。他常對我說：「孔夫子云：『三人行，必有我師焉。擇其善者而從之，其不善者而改之。』學懂這句話，受益終生。」

凡是和他一起練過拳的人，無論工人、無業者、技師、工程師、演員、作家、教授、畫家、幹部，以及外國人、老人都一視同仁，決不以身份來分厚薄。這正是師爺高風亮節的地方，也是許多人懷念他之所在。對於單位的同事、周圍的鄰居，師爺也全友善相處。每當老人過生日、節日，單位、街道和國華商場常常送來禮品與充滿喜慶的對聯。直到如今，和師爺接觸過的人談起他來，都充滿了懷念之情，就連臨終前在福利院裡照顧他的醫護人員也是如此。

對於這一點，體會與受益最深的應該是我。我向師爺學拳時，正是師爺最困難的時候，有時甚至吃飯都成問題，但他因為我是尚未掙錢的窮學生，竟不收我分文，卻系統地教了我受用一生的太極拳。

師爺的飲食習慣非常特殊，暮年時一般是少吃多餐，每天清晨吃早點，然後出去練拳，11點左右進午餐，下午4點吃一些點心，晚上七八點進晚膳，半夜還要吃點心。老人喜歡吃肉、喝酒，還愛抽唁人的關東煙。師爺常講述他少年練功時每天必吃的捲上大蔥、醬肉等的烙餅，師爺風趣地稱之為「吹喇叭」。那津津有味兒的神態，使我在旁邊聽得直咽口水。記得80年代的一天我去師爺家，師爺捋著鬍子

說：「前幾天來了兩位記者，問我長壽的秘訣，我答說，『我一生喜歡吃大肉、喝大酒、抽大煙（關東煙），我長壽的訣竅就是練習太極拳！生命在於運動嘛！』」

師爺是一位和藹可親、功入化境的長者，他在「文革」中可謂大起大落，顛沛流離。60年代的一天，師爺在曉安胡同1號的家被抄，一生珍愛所存的古玩古書盡被席捲而去，屋裡所剩無幾。忽然地上閃有一縷亮光，師爺低頭一看，是一分錢，老人便揀了起來，突然仰面哈哈放聲大笑，把師奶嚇了一大跳，連忙扶著師爺問：「你怎麼了，不要緊吧！」不料師爺詼諧地說：「這下子我有號了，以後這家就叫半文軒，我就是半文堂主。」不過「半文軒」沒住多久，兩位老人就被迫移居到西直門內地藏庵胡同4號。

這是一座狹長的小院，師爺住在最裡面角落裡的約有八九平米的小屋裡。房間裡僅有兩張用長凳搭成的小床、一張細高的舊茶几、一個方凳和一張小竹椅。但在屋外，師爺親手種下了一棵小柏樹，一年四季綠茵茵的，使這陰冷的小院充滿了勃勃生機。

後來師爺顛沛流離，住到了城外淨土寺大隊一家農舍裡，那是一個四方的小院，師爺和師奶住在南面一座土坯蓋成的小房子裡。和以前不同的是那張方茶几上堆滿了向人要來看的報紙。院外有一棵大槐樹，四周是一片麥田，每當我去看望二老，在返回時，老人總是目送著我踏著田埂小路，走出很遠很遠……直到現在，在那遠遠田邊的槐樹和金色夕陽的襯托下，師爺高大的身影和迎風飄逸的銀髯，依然時常浮現在我的腦海裡。在這兒，身處逆境、生活清苦的師爺，

寫下了「白雲朝朝過，青天日日閑；萬安一老兒，獨坐半文軒」的詩句。

「文革」後，中央領導十分重視這位被冷落多年的國家瑰寶，派人請師爺、師奶到北京文史館工作，他們才搬進了新家（宣西12樓905號），生活也有了改善。在這裡，師爺伏案筆耕在那伴隨著他幾十年的高腳茶几上，上面摞放著足有六七十厘米高的文稿。在這裡，他口述了《太極拳之研究》一書，寫下了《關於太極拳的四種功》《宗氣論》等許多有指導性、創造性的文章。在這裡，他接待了無數國內外的來訪者，快樂地度過了暮年，直至1988年底，由於病重才移居北京第一福利院「松鶴老年公寓」。在臨出發的時候，師爺依然笑著提放了我幾下，這成為我和師爺最後一次推手……

師爺臨終也未臥床不起，他坐在沙發上，有人來看他，他都朗聲接待。尤其是談起太極拳來依然端坐懸頂，神采不減。不知情者還以為老人病不重，一聊就是半天。我看了心似火燒，勸老人躺下休息，老人卻對我說：「虎死不落架，人死道不能滅！」臨終前一天，老人自知將不久於人世，他向我叮囑了幾件事，並要我一定堅持練習太極拳。

第二天一早不到8點鐘，我正在師爺家看書，突然接到福利院的電話：「吳老不好，快拿壽衣來。」我顧不得頭暈目眩，急忙拿起已經準備好的綢緞衣服，風馳電掣地趕到福利院。只見屋裡擠滿了身穿白衣的醫護人員，我的太太和文史館的劉守本先生已經先一步趕到，正攙扶著師奶。老人眼裡充滿了淚水，戀戀不捨地望著床上躺著的一同度過約80

個春秋的生活伴侶。師爺像往常睡著了一樣安詳……一代太極宗師就這樣離我們而去了！他的音容笑貌卻永遠活在我的心裡。

　　老人仙逝之後，我們秉承遺願，將師爺畢生所承傳研究的太極拳、太極功，由他的弟子馬有清、沈寶和及我輩繼續承傳，並在大陸及香港、新加坡、日本、智利、臺灣、加拿大等世界許多地方廣泛傳播，深入研習，發揚光大。

二、吳圖南師爺的生平

　　師爺是蒙族人。原姓烏拉汗，名烏拉布，內蒙古喀喇沁左旗人。辛亥革命時隨漢姓吳，名榮培，字圖南。1884 年出生於一個武將世家。其祖父武功將軍子明公（名祥 69）是清朝三品一等帶刀護衛，因師爺年幼多病，其祖父即命其父麗泉公（名慶濱）教以武功。9 歲時拜吳鑑泉先生為師練習太極拳，開始練習太極拳練架、推手等。8 年後，又拜楊少侯先生為師，學習太極功、打手和太極拳用架共 4 年，後寫出《凌空勁歌》。其間又拜張策先生為師，學習通背刀有年，並綜合太極功法編成《內家拳太極功玄玄刀》。而後廣涉各門武功，多有著述。

　　學拳期間，師爺攻讀於京師大學堂，並且還向太醫院正李子裕先生學習醫道。於光緒末年，在朋友張熙銘處得到《宋氏家傳太極功源流支派論》（與宋書銘所藏《宋遠橋太極功支派源流論》僅僅書名不同）一書，1916 年在北平體育講習所時，曾將此書傳抄 6 本，分別贈與許禹生、吳鑑泉、楊少侯、紀子修、劉彩臣、劉恩壽先生。

　　1920 年左右師爺任教於北京西山萬安小學，因小學鄰近四王府，故結識天義御醫園張鳳岐後人張伯允先生（楊露禪初至京師即落腳於張家教拳），二人來往甚密。師爺從張先生那裡得到許多楊露禪在張家的教拳資料，並得到《張氏隨筆》（是天義醫園老板張鳳岐、把式侯德山一同跟露禪先生學拳時的筆記）一書，惜於「文革」中失落。

　　1924 年師爺在萬安小學教書時始著《太極拳》一書，最初定名為《吳圖南太極功》，並將書稿贈與吳鑒泉先生，恰逢京津戰事，故未能出版（見《科學化的國術太極拳》中趙潤濤先生序）。

　　1928 年 10 月，師爺跟隨吳鑒泉先生到南京參加第一屆全國武術國考（參加預賽後，因罹疾未參加正式比賽）。而後，在浙江南潯中學教書，並出版《科學化的國術太極拳》一書。1935 年在南京全國國術統一委員會工作期間著《內家拳太極功玄玄刀》《太極劍》。1937 年著《國術概論》等書。

　　20 年代末全國武術國考後，吳圖南師爺被聘為中央國術館專家教授，後又在中央體育專科學校任國術教授。師爺除練習武術以外還精於陶瓷考古，他借訪查名窯之便，遍走武當山、陳家溝等地，對歷代書中所記載的太極拳歷史進行了深入的考察，寫出了《太極拳歷代名家之造詣》。這是一篇精闢論述太極拳史的文章。30～40 年代，師爺曾任教於中法國立工學院、南京中央大學、西北聯大、西北工學院等院校。

　　解放後，師爺和齊白石、徐悲鴻等名家一起在北平藝專

任教，主教陶瓷學，著《陶瓷學》一書，徐悲鴻先生為其題寫書名，但未出版。中華人民共和國成立後曾任北京故宮博物院專門委員、首都博物館保管主任等職。五六十年代師爺曾任中國武術學會委員、全國體育科學學會武術學會委員、北京市武術協會副主席，並多次參加武術研究整理工作和武術教材審定工作。

　　「文革」中，師爺因解放前曾任國大代表，所以被抄家，受到衝擊（70年代初曾退賠一部分抄家物資，但大部分書稿和筆記丟失）。而後幾更住所，最後被趕至城外一農舍中。即使在這樣艱苦的環境裡，師爺還是撰寫了《太極鬆功》一書和大量論文。十年浩劫後，烏蘭夫同志得知師爺的遭遇，立刻派有關人員將師爺與夫人劉桂貞師奶一同聘為北京文史館館員。

　　1984年2月，中國武術協會主席徐才、北京市副市長孫孚凌和統戰部等領導一起到文史館為師爺祝百歲壽辰，並頒發了「武術之光」的錦旗，以表彰師爺對武術界的貢獻。4月，師爺應邀出席了武漢舉行的國際太極拳劍邀請賽，並登場表演，作了《關於太極拳的四種功》的學術報告，科學地畫分了修練太極拳的階段，獲中國武術協會頒發的「武術教育獎」。同年吳圖南先生口授馬有清先生編著《太極拳之研究》一書，由香港商務印書館出版。1987年夏、1988年春，應邀分別參加全國武術學術研討會、首屆中日太極拳比賽交流大會（後者在首都體育館舉行）。1988年，獲中國國際武術節組委會頒發的「武術貢獻獎」。1989年1月10日，因肺炎合併心衰逝於北京第一福利院，享年105歲。

　　吳圖南師爺生於清朝末年的武將家庭，有條件進出於王府之中，故對楊家在京師及王府教拳一事知之較詳，較為全面地掌握了楊家拳架的初期資料。師從於楊少侯、吳鑒泉兩位太極宗師，秉承了兩家之學，系統地學習了太極拳功，掌握了宋氏家傳的拳譜。早期在北平體育講習所、中央國術館等中國武術研究機構裡搞教學工作，後又在中央體育專科學校、西北聯大等院校主教國術，解放後也一直從事新中國的武術教研工作，因此，無論在太極拳技藝上，還是在見識上，是堪稱卓越的，對中國武術的發展有過重大的貢獻，故曾被國內外人士譽為「太極泰斗」，日本研究太極拳的專家曾稱之為「百年太極拳發展的見證人」。

　　像這樣一位經歷了兩個世紀、幾個朝代的著名武術家，我們如果不把他一生的研究成果視為珍寶來探討、繼承，本身就是一種損失。

　　現本著師爺對待歷史要「既不冤枉古人，又不欺騙今人，更不貽害後世」的治學銘訓，謹將我所了解的師爺如實地介紹給大家，以表示我對吳圖南師爺的崇敬與懷念。

第一章

太極拳源流品匯

第一節　宋譜拾隅

　　所謂《宋譜》，是明代宋遠橋所記述其祖學習太極拳情況以及太極拳在江南流傳之經過的拳譜，又稱《宋氏家傳太極功源流支派論》，其中較為全面地記述了太極拳自南北朝以來的承傳演變過程。

　　據我所知，此譜有兩本，一為宋書銘老先生所有，一為吳圖南師爺所藏。吳圖南師爺的《宋譜》是在光緒末年由朋友張熙銘所贈。關於這本拳譜，吳圖南師爺曾有過一段記述：「此書為清光緒末年吾友張君熙銘所贈，後為許禹生所知，遂抄寫 6 本分贈許禹生、吳鑒泉、楊少侯、劉彩臣、劉思壽、紀子修各一本。子修先生曰不可再贈送他人為要，因此予遂未再抄送他人。其後有吳君鐘霈者，與予有同學之誼，持去此書去抄，將此書中許多字挖去復還，幸有抄本尚存，原書尚能核對，此亦該書不幸中之幸也。但該書雖缺數字，未便填補以存其真，只有另列一表以說明之，較為適宜。『文革』時期斯書尚存，但已不能下指，於是由中國書店老技師劉君精心為之修復，還其本原，經鑒定該書為清初抄本，於是數百年前之舊物又能翻閱矣，快何如之！因述此書之本來如此，附補缺表一份。吳圖南記。1983 年 11 月 15 日。」吳圖南師爺曾持此譜與宋書銘先生家傳《宋譜》進行了相互對照。兩譜僅僅在名稱上有一點不同，餘下的完全一致（吳圖南師爺所藏稱《宋氏家傳太極功源流支派論》，宋

書銘先生所藏為《宋遠橋太極功支派源流論》）。

在宋譜中對太極拳稱之為太極功拳，並對太極拳自南北朝至明代的歷史沿革有著較為詳盡的記載：南北朝時期程靈洗上承韓拱月，傳「小九天法」，其中有「小九天法式」「用功五志」「四性歸原歌」，講究練拳結合易經，「太極者非純功於易經不能得也」。在宋譜中，吳圖南師爺曾考證出在南北朝時，程靈洗承韓拱月之拳學，於「侯景之亂」聚徒拒景，後梁武帝封其為譙州刺史等職。靈洗之後歙縣、休寧一帶武將輩出。至宋代有程 67，休寧人，字懷古，以先世居 71 水，故自號「71 水遺民」，為紹興中進士，歷值學士院，累官權吏部尚書，端明殿學士，進封新安郡侯。著有《71 水集》。

唐許宣平，歙縣城南人，隱居於城陽山（即現在的翠微山）中。宋譜中云其人「身長七尺六，髯長至臍，髮長至足，行及奔馬……」《徽州志》中云許宣平曾題詩傳舍（客店）曰：「隱居三十載，築室南山巔；靜夜玩明月，間朝飲碧泉；樵人歌隴上，谷鳥戲岩前；樂矣不知老，都忘甲子年。」李白見後以為仙，訪而未遇，復題詩於許宣平寓舍壁上，詩曰：「我吟傳舍詩，來訪真人居；煙岑迷高跡，雲林隔太虛；窺庭但蕭索，倚柱空躊躇；應化遼天鶴，歸當千歲餘。」所傳「三十七」又名「長拳」。有「三十七心會論」「三十七周身大用論」「十六關要論」「功用歌」等專論，其中主要講述太極拳練習時用功的要點。所傳者宋遠橋一脈。

唐朝又有李道子（「道子」常作名號，或用於對道家師

長之尊稱，疑非真名），宋譜中云：「道子係江南安慶人，至宋時與游酢莫逆。至明時，李道子嘗居武當山南岩宮，不火食，第啖麥麩數合，故又名之曰夫子李也。見人不及他語，惟云大造化三字。」宋譜中還記載著俞蓮舟等人到武當山拜謁李道子的故事。而《張三豐全集》中也對夫子李有記載，其記曰：「李夫子者，名性之，楚人也。正德間入太和山，遇三豐先生傳以丹法，遂得其道。平時好端坐，澄靜齊莊，人號為李夫子。喜辟穀，日啜麥面湯，人又號為麩子李。……寓蘄武當宮，衣破衲，不食。」

後者之喜好與前者相同，但其年代與生地卻似乎有異，故吳圖南師爺在生前曾懷疑前、後夫子李是兩個人，俞蓮舟等所遇者是第二個李道子。

我們再細細品玩宋譜中的故事，可以發現有這種可能性。首先，俞蓮舟在與宋遠橋去武當以前，並沒有見過夫子李。而後者在和俞蓮舟過手以後，也沒有直接明言他就是唐朝的夫子李。一切都是俞蓮舟、宋遠橋由於對方道出俞氏祖先的名字，而且向俞蓮舟授了先天拳法之秘而推斷的。因此，這裡存在著是兩個夫子李的可能性。然而，後一個夫子李不但懂得先天拳的技藝，而且又非常明瞭前一個夫子李與江南俞家的關係，這點又說明即使前後夫子李是兩個人，他們之間也是有著非同一般的承傳關係的。李道子所傳「先天拳」之歌訣，後人稱之為「授秘歌」，其所談為太極拳內功修為的高級階段。所傳者為俞蓮舟一脈。

揚州胡境子傳宋仲殊一脈。宋仲殊為安州人，曾遊姑蘇臺，在柱上倒書一首詩曰：「天長地久任悠悠，你既無心我

亦休。浪跡天涯人不管，春風吹笛酒家樓。」宋又傳殷利亨，名曰「後天法」，傳有「後天法目」。其勢也為掤捋擠按、採挒肘靠之法。

　　宋譜中又記載張松溪、張翠山、宋遠橋、俞蓮舟、殷利亨等七個人相約再次同往武當山拜李道子，但未能見到。「道經玉虛宮，在太和山元高之地（現武當鎮），見玉虛子張三豐……七人共拜之，耳提面命，月餘後歸。」自此以後，他們經常不斷地找三豐祖師學習太極拳術，得到了三豐祖師的傳授。張松溪、張翠山所學練的名「十三勢」，也就是後來廣為傳播的太極拳。

　　關於張三豐，有許多不同的說法，但是到過武當山的人都知道張三豐在那裡的很多地方修練過。玉虛觀在明朝有仙衣亭，保存著張三豐祖師穿過的衣服，明代詩人王世貞曾在這裡留下「聖水流仍暖，仙衣靜自搖」的詩句，可惜後來毀於兵火。遇真宮中有明朝皇帝的御敕銅碑和三豐祖師銅像（銅碑現保存在武當山文物館內，銅像移於梅樃祠供奉），其他修練處也均有文史資料記載或留有遺跡。《明史·列傳》中對三豐祖師的生平有著明確的記載，後世人根據祖師所講的道經以及平時所作的詩文，輯成《張三豐全集》流行於世。雖然在有些文章裡存在著超乎自然規律的描述，但決不能因此斷然否定張三豐祖師其人的存在。張三豐所傳的「十三勢」亦是太極拳的別名，留與後人的有「太極拳用功密訣」「十三勢行功心法」「十三勢歌」「打手歌」等，旨在利用太極學說論述太極拳行功心法、練習步驟和太極拳體用要點。其承傳者為張松溪、張翠山、宋遠橋、俞蓮舟、殷

利亨等。宋譜中還特別強調：「然而勢法名目不同，其功用則一也，如一家人分居，各有所為也。然而根本非兩事也。」也就是說，「小九天」「三十七」「先天拳」「後天法」「十三勢」雖然名目不同，但是功用同是一個，就像一家人分開各有所為一樣。對於太極拳的發展，宋譜中還追溯到孟子，並就此提出練習太極拳時「養吾浩然之氣」的重要性。同時，由宋譜所述，我們可以了解到明朝以前太極拳在江南一帶發展的一個側面。許宣平、程靈洗都是徽州歙縣人，程珌原籍休寧，也在歙縣附近，胡境子在揚州，李道子是安慶（今屬安徽）人。這些太極拳的先賢們全都集中於江浙一帶，而且其中修練者居多。而後來的俞蓮舟、俞岱岩、宋遠橋、張松溪等七人，所居也是江南一帶，故後人一般稱之為太極拳南派傳人。他們雖然不是修仙成道之人，但可貴的是由於他們「久相往來金陵之境」，在技藝上「往來相助」，相互切磋，共同提高，從而大大推動了太極拳的發展，在太極拳的歷史長河中作出了不可磨滅的貢獻。

第二節　許宣平與三十七

中國黃山可謂舉世聞名，然而坐落在黃山附近的翠微山卻很少有人知曉。我因十分喜愛黃山，故曾先後五次去那裡觀光遊覽。有一次去歙縣的路上，當車行駛到鏈江橋頭，忽然間一座古色古香的建築映入眼簾，門額上「太白樓」三個字在車窗前一閃，這使我想到太極拳祖師中的許宣平，就連

忙喊司機停車，急步跑到樓下一看，果然是宋譜中記載李白尋許宣平未遇題詩的地方，於是就和同伴們走進了樓下的院落。

太白樓依山而建，飛檐高聳，古樸幽雅，據人說是唐以後人們為了紀念李白與許宣平在原地重新建造的。樓內很寬敞，但已失去了以往熙熙攘攘的酒樓風采。現在這兒好像是個文物陳列館，四周的牆邊上擺放著陳列櫃，我發現其中的一個裡保存著一本《徽州志》，上面記載著一千多年以前在這裡所發生過的那段佳事，還有許宣平與李白所作的詩。那時，許宣平曾題詩於傳舍（客店）壁上，詩曰：「隱居三十載，築室南山巔。靜夜玩明月，間朝飲碧泉。樵人歌隴上，谷鳥戲岩前。樂矣不知老，都忘甲子年。」李白見後以為仙，訪之而未遇，復題詩於許宣平寓舍壁上，詩曰：「我吟傳舍詩，來訪真人居。煙岑迷高跡，雲林隔太虛。窺庭但蕭索，倚柱空躊躇。應化遼天鶴，歸當千歲餘。」

一位秀麗的江南女子，輕啟朱唇，委婉地給我們進述了一段動人的故事：「許宣平是唐朝在我們這山中修練的一個人，他長髮披肩，行走如飛，有一身超常的本領，因此這兒的人都叫他『許仙人』。當時，他的事被『五岳尋仙不辭遠，一生好入名山遊』的李白所知，於是李白就途經九華山、黃山、齊雲山，最後準備到翠微山裡尋訪他。李白來到山腳下，只見林海茫茫，小路崎嶇，一時不知所往，於是就漫步走到江邊，想找個人問問路。正巧看到野渡之上泊有一條小船，他連忙跑到近前朗聲問道：『船家，可知許宣平、許仙人住在哪裡？』聞聲，船篷內走出一人，斗笠遮面，長

髮披肩，手拄一枝竹篙，歌曰：『山中輕霧繞，迷蒙石徑遙；欲問許仙人，門前僅一篙。』李白聽後答謝了一聲即匆匆離去，他沿著石徑在山中仔細地尋找，江南的山裡到處都生長著竹子，更不乏門前有竹子的人家，然而僅有一棵竹子的卻始終沒有見到。看看天色將晚，李白只好無可奈何地返回江邊，尋到一間酒樓休息。有了酒，這位詩仙的靈感就來了。他猛然想起，早些時候在江邊問路的船上，在艙外不就立著一枝篙嗎？那位船家一定就是許宣平啦！他急忙又跑回江邊，只見暮靄沉沉，煙波浩淼，江面上哪裡還有什麼船啊！李白心裡感到十分懊悔和悵惘，後悔當時沒有悟出船家歌詞中的意思，與許宣平失之交臂。他踱回酒樓揮毫寫下了這首詩：『我吟傳舍詩，來訪真人居。煙岑迷高跡，雲林隔太虛。窺庭但蕭索，倚柱空躊躇。應化遼天鶴，歸當千歲餘。』後人為了紀念他們，把這座酒樓改名為『太白樓』，把橋更名為『望仙橋』。」

　　這一段令人惋惜的傳說，和宋譜以及徽州志中所記載的不盡相同。宋譜中明代宋遠橋在記載家學太極功的承傳過程時寫道：「自予而上溯，始得太極之功者，受業於唐於歡子許宣平也，至予十四代也。有斷者，亦有繼耳。許先師係江南徽州府歙縣人，隱城陽山（城陽山，城南之山。這與徽州志裡所記載和女子講解的相同），結檐南陽辟穀。身長七尺六，髯長至臍，髮長至足，行及奔馬。每負薪賣於市中，獨吟曰：『負薪朝出賣，沽酒日夕歸。借問家何處，穿雲入翠微。』李白訪之不遇，題詩望仙橋而回。所傳太極之功拳，名三十七，因三十七式而名之。」在這些資料裡，時間、人

物是相同的，只是在題詩的地點上有所不同。另外，在所發生過的事上，故事也有不少藝術加工。在題詩的地點上，宋譜說是在「望仙橋」，故事說在「太白樓」，徽州志則說在許宣平家的牆壁上。然而，望仙橋是不是鏈江大橋？太白樓是不是傳舍？……這些都因年代久遠不得而知了。但總的說來，李白尋訪許宣平這件事的確是有的，而且就發生在歙縣翠微山附近。因為宋譜所說的城陽山，徽州志所說的南山，俱是歙縣城南鏈江之畔的翠微山，只是故事更增添了幾分神話色彩。關於許宣平是太極拳的祖師之一，不單單在宋譜中出現過，而且在清末《端芳王府太極拳秘訣抄本·張三豐祖師承留後世論》中也有「……精一及孔孟，神化性命功，七二乃文武，授之至予來，自著宣平許……」的論述，其「宣平許」就是許宣平。由此可見，三豐祖師的太極拳功法中有很大一部分是師承許宣平的。

聽罷故事，浮想聯翩，心中不禁一絲感嘆：假設當年李太白能與許宣平相見，也許就能免去當今有關太極拳史喋喋不休的爭論。想到這裡，我不由明知故問：「小姐，真的有許宣平這個人嗎？他住在哪兒？」「真的。」女子認真應道，「許宣平不但在徽州志裡有記載，而且我們這裡世代相傳，有許多老人都知道。他的家就在過去的一座山里，離這兒有幾里路，當然房子已經沒了。」

走出了太白樓，我們又順著石階走上了山間的一個平臺，身邊茂林修竹，鬱鬱蔥蔥，腳下鏈江浩瀚而去，青煙渺渺，四周一片靜寂，使我產生了一種前所未有的感受。我覺得渾身毛孔頓開，好像人與山水變得渾然不分了，此時此刻

我隱約體悟到了什麼是「空靈」。「回去吧，司機先生等急了。」同伴們在催促了。「稍等！」我因尋到了有關太極拳的遺蹤，所以遊性未減，又慌忙邁步向前疾跑了一段路，見前面豎著一方石碑，「山中天」三個大字顯露著古樸渾厚的筆鋒，碑後面是一個圓月亮門，通向繼續上山的路。出門遙望，只見小徑蜿蜒，在輕紗般的雲霧繚繞之下若隱若現，這不由使我想起孩童時曾背誦過賈島的一首詩：「松下問童子，言師採藥去；只在此山中，雲深不知處。」

第三節　李道子的先天拳

關於李道子，有人說是唐朝時江南人，也有人說是元明時楚地人。如宋譜中有這樣的記載：「俞家江南寧國府涇縣人，太極功名曰先天拳，亦曰長拳，得唐李道子所傳。道子係江南安慶人，至宋時與游酢莫逆。至明時，李道子嘗居武當山南岩宮。不火食，第啖麥麩數合，故又名之曰麩子李也。見人不及他語，惟云大造化三字。」而《張三豐全集》中也有麩子李其人的記載：「李夫子者，名性之，楚人也。正德間入太和山，遇三豐先生傳以丹法，遂得道。平時好端坐，澄靜齊莊，人號為李夫子。喜辟穀，日啜麥面湯，人又號為麩子李。……寓蘄武當宮，衣破衲，不食。」後者之喜好與前者相同，但其年代與生地卻似乎有異。故吳圖南師爺在生前曾懷疑前、後麩子李是兩個人。

在宋譜中還記載著這樣一個有關李道子的故事：在江南

一帶有許宣平太極功拳「三十七」承傳者宋遠橋，李道子所傳太極功拳「先天拳」承傳者俞蓮舟、俞岱岩，胡鏡子傳宋仲殊之太極功拳「後天法」承傳者殷利亨，以及張三豐所傳太極功拳之弟子張松溪、張翠山與莫谷聲。他們之間往來甚密，而且技藝上相互研討，共同提高。

　　有一次宋遠橋、俞蓮舟相約而伴，要到武當山南岩宮去拜謁俞氏先天拳之祖師李道子。正在山間行走，猛聽一聲大叫：「徒再孫到哪裡去！」他們抬頭一看，只見前面站著一個人，蓬頭垢面，髮長及地，一股臭味撲鼻而來。俞蓮舟不由得心中大怒，大聲回喝道：「你說話太放肆了，我要打你一掌，你必死無疑。趕快走開！」不料那人不但沒有走開，卻又反激道：「重再孫，我想試試你這掌。」俞蓮舟此時忍無可忍，疾步上前，一個掤連捶向那人打去。但是，未及人身，反而莫名其妙地被那人打起十餘丈「撲通」一聲落到地上。幸好有幾十年鍛鍊的功底，沒有摔壞筋骨。俞蓮舟不禁贊道：「好功夫，不然就不會把我打起這麼高！」這時，那人問道：「你認識俞清慧和俞一誠嗎？」蓮舟一聽，嚇了一跳，原來這都是俞家祖上的名字，這人怎麼會知道，他一定不是凡人。想到這裡，急忙跪倒塵埃拜道：「這些都是我家先祖的名字，您既然知道，一定是我們先祖的老師。」那人也連忙扶住蓮舟道：「我在這裡幾十年沒有說話了，今天見到你也是一番大造化，就傳授你一些功夫吧……」後來他們二人究竟說的是什麼，周圍的人誰也沒有聽清。自此俞蓮舟對太極拳的理論、體用融會貫通，功力大長，非其他人所能敵了。

　　因為俞蓮舟、俞岱岩、宋遠橋、張松溪、殷利亨、張翠山和莫谷聲七人是莫逆之交，所以俞蓮舟就將所得到的歌訣又傳給了另外六人。歌訣的內容是：「無形無象，全身透空，應物自然，西山懸磬，虎吼猿鳴，泉清河靜，翻江播海，盡性立命。」雖然只短短幾句話，卻使這些太極拳家們上升到一個新的層次。過了幾年以後，他們七人相約再次到武當山去拜李道子，但到了南岩宮（天乙真慶萬壽宮），石殿依舊，青山莽莽，李先師的去向卻無處可尋了。無奈中眾人只好踏上返程的路，不想途經武當山下玉虛觀的時候，遇見了張松溪和張翠山的老師張三豐祖師。三豐祖師身高七尺，美髯如戟，無論寒暑總是戴著一個斗笠，自洪武初年就在武當山修練，據說日行千里。於是七個人就拜了三豐祖師，並且耳提面命地學習了一個多月，才拜別三豐祖師出了武當山。自此以後，他們經常不斷地找三豐祖師請教學習太極拳術，得到了祖師的傳授。張松溪、張翠山所學練的是「十三勢」，也就是後來廣為傳播的太極拳。

　　由這個故事，我們能夠了解到活動在唐、明時期的麩子李，是有兩個人的可能性。首先俞蓮舟在與宋遠橋去武當以前，並沒有見過麩子李。而後者在和俞蓮舟過手以後，也沒有直接明言他就是唐朝的麩子李。一切都是俞蓮舟、宋遠橋由於對方道出俞氏祖先的名字，而且向俞蓮舟授了先天拳法之秘而推斷的。因此，這裡存在著是兩個麩子李的可能性。然而後一個麩子李不但懂得先天拳的技藝，而且又非常明瞭前一個麩子李與江南俞家的關係，這點又說明即使前後麩子李是兩個人，他們之間也是有著非同一般的承傳關係的。後

一位留給俞蓮舟的歌訣（有人稱為「授秘歌」），成為指導後世練習太極拳進階高層次的理論依據。

第四節　武當山、張三豐與太極拳

關於太極拳的創始人和發源地，在太極拳界一直眾說紛紜，莫衷一是。然而吳圖南先生經過多年的考證認為，早在南北朝時期就有關於太極功的記載，歷經唐宋，由張三豐祖師集其大成，並將太極學說運用於拳理，從而創下既能養生又能技擊的太極拳。但是，對於三豐祖師創拳之說，有些人以「附會神仙，故弄玄虛」等論點大加否定，當然這與其所處的年代有關。我想假如這些人能到武當山身臨其境地去做一番考察，也許會徹底改變自己的觀點。

我在1999年借參加學術會之便，曾到武當山進行了短時間的考察。透過考察，更堅定了我對師爺所講三豐祖師集各家之大成、創造太極拳之說的認識。在武當山，提起三豐祖師，簡直是老少婦孺皆知，更不要說道士、修練者了。張三豐祖師曾經修練過的地方有遇真、玉虛、紫霄、南岩、清微、黑虎岩等多處。其中玉虛觀在明朝有仙衣亭，保存著張三豐祖師穿過的衣服，明代詩人王世貞曾在這裡留下「聖水流仍暖，仙衣靜自搖」的詩句，可惜後來毀於兵火。遇真宮中有明朝皇帝的御敕銅碑和三豐祖師銅像，其他修練處也均有文史資料記載或留有遺跡。《明史‧列傳》中對三豐祖師的生平有著明確的記載，後世人根據祖師所講的道經以及平

時所作的詩文，輯成《張三豐全集》流行於世。雖然在有些文章裡存在著超乎自然規律的描述，但決不能因此斷然否定張三豐祖師其人的存在。

每一項創造的靈感都是經過反覆實踐，並且在特定的環境下受到啟發而產生的，如同牛頓看到蘋果落地，發現地心引力一樣，決不是憑空而來，突發奇想所致。根據《宋譜》記載，在三豐祖師以前，太極拳雖冠有太極功拳之名，然更以別稱為主，如程珌稱之為「小九天」，許宣平稱之為「三十七」，李道子稱之為「先天拳」，而且未更深入涉及到有關「太極」的理論。而張三豐祖師早年攻儒，正值宋明理學鼎盛時期，周敦頤、朱熹等大儒大力推廣太極學說，這對三豐祖師日後太極道學的思想形成有很大的影響。後來三豐祖師又師承陳摶弟子賈得升（即火龍真人），而周、朱所得太極圖初本，其源相傳也是出自陳摶老祖。

由此看來三豐祖師所修練的主要是太極之道。祖師甚至將自己的名字君實，更為三豐。當然對祖師名「三豐」的講述很多，我個人認為：三豐者，是否內寓乾三連，坤六斷之意？所謂的乾坤，涵廓著天地人，三者之中有陰陽的存在與陰陽的變化。然而，儒道所講的「太極」也正是一個涵陰抱陽的本體。所以，我想祖師取名「三豐」，大概也隱含著「太極」的本意吧。

三豐祖師是位雲遊四方的人，除武當山以外，重慶老君洞、寶雞金臺觀、山西太原葦谷山等地均有遺跡，另外昆明圓通寺等地也有有關的傳說和遺跡。試想祖師雲遊必行走於深山老林之中，常與虎狼猛獸為伴，若無過人的本領，是不

可能應付隨時而來的危險的。因此，在對道法修行的同時，武功的修為勢必也日臻深入。三豐祖師來到武當山，很可能是由於這裡的環境地貌與眾不同，從而激發了三豐祖師創造太極拳的靈感。在這裡，祖師匯通儒道對太極的認識，更將先賢所授之拳法系統地加以整理、編纂，使其拳法無論從訓練步驟、動作形態、用功要領、使用方法等都無不與太極之學絲絲入扣。他還提出了「太極者無極而生，動之則分，靜之則合……」之說，用太極理論對拳法加以詳盡而簡潔的說明，為日後太極拳理論的發展奠定了堅實的基礎。

武當山又稱太和山，是道教名山。由於其主峰金頂突出於四周的山峰，而且其他山峰又奇妙地朝向金頂而立，所以古人有「七十二峰朝至尊」的說法。在中國古代，星象家們認為天地「星土精之氣相感，分野屬之矣」。正因為武當山擁有這種得天獨厚的地理環境，故被《大岳太和山志》稱為「下蟠地軸，上貫天樞」之聖地。道教出於對天人合一的追求，故自周朝至清代，歷朝歷代在武當山修練的人接踵而來，從未間斷。

這裡我們對於曾經在此地修練過的呂洞賓、陳摶等著名得道之士，以及有關武當山神奇之謎暫且不談，在此僅討論三豐始祖與太極拳淵源的問題。《明史》曾有關於三豐祖師的記載：「嘗遊武當諸岩壑，與人曰：『此山異日必大興。』時五龍、南岩、紫霄俱毀於兵，三豐與徒去荊榛，闢瓦礫，創草廬居之。」如果我們到張三豐祖師曾經修練過的地方用心地觀察，就能看出這裡周邊的自然環境與太極拳中所講的原理，大有互相吻合之處。當我們來到遇真宮、清微

岩、紫霄宮等地可以發現，這些建築的四周群峰環抱，站在那裡恰似處於群峰組成的圓心當中。這是不是與太極拳講究的圓有關呢？姑且暫不妄下定論。

更值得一提的是南岩這個地方，傳說當年呂洞賓曾經在這裡修練過，留下「贊太和山南岩」詩一首（存南岩宮兩儀殿外，是太和真人張守清立，是否為呂洞賓所作，尚待考證，但一般專家認為是唐人所寫）。詩曰：「混沌初分有此岩，此岩高聳太和山。面朝大頂峰千丈，背湧甘泉水一灣。石縷狀成飛鳳勢，龕紋綰就碧螺鬢。靈源仙洞三方繞，古檜蒼松四方還。雨滴瓊珠敲石棧，風吹玉笛響松間。角雞報曉東方曙，晚鶴歸來月半彎。谷口仙禽常喚語，山間精獸任躋攀。個中自是乾坤別，就裡原來日月閑。……」據當地道人與幾代居住在武當山的人講，三豐祖師在那裡修練了很長一段時間。我來到天乙真慶萬壽宮前，站在伸出的龍頭上，忽然發現在正前面是天柱峰，身後是烏鴉嶺，左右為五龍等諸峰，仰之頭頂藍天，俯之腳下深壑，晴天可見澗中流水，陰天可見雲煙環繞，而我正好處在圓體的中心，充分領略著大自然。試想當年三豐師祖若站在此地（據鄉人講，三豐祖師曾在此和飛升臺一帶修練），由斗轉星移、日月變換、流雲開合、四季交替等自然現象感受著天體的陰陽變化，然後再融合所承傳的道學、太極功法，從而創編了剛柔相濟、虛實動靜、開合鼓蕩的太極拳法，總結出「太極者，無極而生，陰陽之母也。動之則分，靜之則合……」的太極拳論。

武當山南岩是個涵陰抱陽、孕育陰陽變化的太極圓體空間，與天體比較，恰好是大太極中的小太極，而人在那裡則

成為太極中之太極，正好合乎太極拳理論中所說的「我賴天地以存身，天地賴我以致局」「超出象外，得其寰中」的天人相應觀。李道子先師、三豐祖師等都在此地修練過。

我個人認為三豐祖師是身處這一「個中自是乾坤別」的環境中，將前人的太極功法進行歸納，使太極學的原理在自然界的變化中得到印證，然後又將其結果不斷地轉化為自身體悟，並逐漸昇華成了修練的理論，從而修訂了太極拳法的。正如吳圖南師爺所云：「那種認為太極拳是某人在飯後茶餘閉門造車，獨創出來的看法，未免失於片面，割斷了歷史，違反了辯證唯物主義的觀點。」我個人認為，吳圖南師爺關於張三豐祖師在武當山集創太極拳的說法，是非常符合客觀實際的。

第五節　王宗岳與《太極拳論》

清朝末年，李亦畬在舞陽縣鹽店裡得到一本對後世太極拳的發展有著巨大影響的書───《太極拳論》。他在光緒辛巳中秋二十六日抄定所寫的《太極拳小序》中說：「太極拳不知始自何人?其精微巧妙，王宗岳論詳且盡矣。」

王宗岳是何時何處人尚待考證。有人說是山西人，也有人說是陝西西安人，吳圖南師爺繼承前人之說認為是明景泰年間的西安人。總之，王宗岳是繼三豐祖師以後一位重要的承傳者。吳圖南師爺贊其「深得三豐祖師真傳」，有「經緯之才」，所著《太極拳論》「對太極拳之奧理闡發無遺」，

對太極拳發展的巨大貢獻是無可置疑的。

王宗岳在《太極拳論》中分別對「太極」的含義、太極拳練習階段的畫分、太極拳在練習時的要求、太極拳與其他拳種的區別、練習太極拳要陰陽相濟等幾方面，進行了精闢的闡述。王宗岳首先概述了太極拳「太極」的定義：「太極者，無極而生，陰陽之母也。」

在練太極拳時要注意形、意、氣、勁的動靜開合過程，在此過程中不要有「太過」或「不及」的地方，要「隨曲就伸」，故云「動之則分，靜之則合，無過不及，隨曲就伸」「人剛我柔謂之走，我順人背謂之沾；動急則急應謂之連，動緩則緩隨謂之隨」。這四句主要是談沾、連、黏、隨。對此，吳圖南師爺曾在他的《太極拳歷代名家之造詣》裡貼切地寫道：「對於『背』字我是根據兵法解釋的。比方說，我們守一個山口，這一邊必須和那一邊黏住，好像一個單扇門似的，他進來，我們從一邊迂迴把他包圍住，這樣我就是順的，人家就是背的。因為他來的時候就是背著的。」「他動得急，我們就急著應他，就連上了。他來得慢，我們則也去得慢，這就叫隨。總起來說，就是『走、黏、連、隨』四個字，一般念俗了，就成『沾、連、黏、隨』了。如果把『背』字明白了，也就知道沾、連、黏、隨了。」

而後王宗岳在拳論中又給練習者指明了用功的階梯：「由著熟漸悟懂勁，由懂勁而階及神明。」這就是說，修習太極拳首先要由太極拳「著熟」的階段，在經過對著拳法應用的練習和體研後，漸漸地摸索到勁的變化，進入捨著求勁的訓練，逐漸達到陰陽相濟的「懂勁」階段。懂勁後則要默

識揣摩，漸至從心所欲，以達到「神明」的階段。太極拳著熟、懂勁、神明這三個階段的分法，是王宗岳老先生總結了歷代太極拳家的修練經驗而得出的科學論斷。由於要循序漸進，經過堅持不懈的刻苦鍛鍊，最後才能修練到神明階段，所以論中又云：「然非用力（即用功）之久，不能豁然貫通焉。」

談到用功的體感時，其論曰：「虛靈頂勁，氣沉丹田，中立不倚，乍隱乍顯。」並且要「虛實兼到，仰高鑽堅」，然其關鍵則在於「進之則長，退之則促」。解釋這句話時，吳圖南師爺又闡其秘：「往前的時候，不管是著還是勁，是意還是氣，都能延長出去。比如，拳能打一尺，如果能把裡頭的東西（即內功）延長出去，就可以打一尺零一分。如果對方在一尺零一分，我們只能打一尺，就打不到了。要用內功延長一分，就能打到他……退，不一定是退步，把跟他接觸的那一個點，再稍微退那麼一點點，他的力量就達不到我們的身上。」用功既久，達到「一羽不能加，蠅蟲不能落」的程度，自然也就達到「人不知我，我獨知人」的境界了。

拳論中還對太極拳與其他拳種作了比較。認為太極拳應用的關鍵在於「學力而有為」。後來吳圖南師爺非常恰當地轉用了這句話，他說：「『太極勁』是有學問的力。」（這是吳圖南師爺對太極勁與普通力區別的解釋）

拳論中還以「四兩撥千斤」「耄耋御眾」為例指出對太極拳的應用一定要陰陽相濟，變化無端，求得懂勁，漸臻神明。否則就會背離太極之理，陰陽悖離，產生雙重，「差之毫厘，謬之千里」。

由於王宗岳的《太極拳論》是對明以前歷代太極拳發展經驗的高度總結與概括，所以其科學性、實用性非常強。《太極拳論》對以後幾百年的太極拳發展具有指導意義，因此一直被後人奉為不朽之作。

第六節　蔣發與陳長興

在王宗岳之後，有河南人蔣發承傳太極拳法。對於蔣發與王宗岳之間有一段承傳上的空白，吳圖南師爺曾作過多方考證，但終未能如意。只知道蔣發曾開過豆腐坊，在路過陳家溝時收了陳長興。

關於蔣發收陳長興，師爺曾講過這樣一段故事。一天，蔣發路過陳家溝，恰逢陳長興與幾個人一起練拳。蔣發不免駐足觀看，當看到陳長興拳法雖然威猛，但也有不少紕漏時，禁不住掩口一笑，但馬上自覺失禮，於是扭頭便走。不想這一笑已被陳長興看在眼裡，便放步急追上來，對準蔣發就是一拳。蔣發在前，早覺身後拳風到來，只回頭一看，遂用背一碰來拳，長興已向後翻倒，跌落塵埃。長興雖久經戰事，但絕未遇到這等打法，於是倒地便拜。蔣發回道：「你火氣太壯，我想懲罰你，讓你撿河灘的石子，堆成堆兒。一年之後我來檢驗，若不負我言，我自收你為徒。」陳長興每日撿石從不間斷。一年以後蔣發如期而至，收陳長興為徒，並說：「罰你河灘撿石一年，並不是因為你火氣太壯，實是讓你練得身體放鬆。」從此長興隨蔣發苦練，終成一代宗

師。這雖是一段軼文，但其中滲透著史實和練功要點。

近代人杜育萬曾傳蔣發所授歌訣二首。其一曰：「筋骨要鬆，皮毛要攻，節節貫串，虛靈在中。」其二曰：「舉步輕靈神內斂，莫叫斷續一氣研，左宜右有虛實處，意上寓下後天還。」在歌訣的後面還有注釋。第一句的注釋為：「舉步時周身要輕靈，尤須貫串，氣宜鼓蕩，神宜內斂。」第二句的注釋為：「無使有凸凹處，無使有斷續處，其根在腳，發於腿，主宰於腰，形於手指，由腳而腿而腰，總須完整一氣，向前退後，乃能得機得勢，有不得機得勢處，身便散亂，其病必於腰腿間求之。」第三句的注釋為：「虛實宜分清楚，一處自有一處虛實，處處總此一虛實，上下前後左右皆然。」第四句的注釋為：「凡此皆是意，不在外面，有上即有下，有前即有後，有左即有右，意欲向上，即寓下意，若將物掀起，而加以挫之之力，其根自斷，必壞之速而無疑。總之，周身節節貫串，勿令絲毫間斷耳。」對於以上的歌訣和注釋，吳圖南師爺認為，其中闡述要點是對王宗岳拳論的解釋，其觀點與王宗岳所述的理論是一脈相承的。一般認為拳法如斯，理法亦如斯，無論哪一種拳術，其拳法、理法是統一的。由以上的拳論和注釋，我們不難推論，蔣發所授的太極拳法與王宗岳的太極拳法應是一脈相承的。

第七節　露禪先生軼事

有關楊露禪先生有許多傳說。我現僅將從師爺那裡所聽

來的向大家講述一番。露禪先生是與李伯魁一道在陳家溝向陳長興學習太極拳的，但是，由於陳先生十分保守，在那裡空呆了很長時間沒學到多少東西，二人十分沮喪。一天，露禪先生上廁所，聽到後院牆內有哼哈的聲音，露禪先生靈機一動，就急忙找到李伯魁說：「我聽後院有動靜，像是師父在練功。我們去看看。」於是二人來到牆外，露禪先生又說：「你托我上去看一看，我下來再告訴你。」李伯魁聽後就讓露禪先生站在自己的肩上，隱蔽在樹陰下，隔著牆頭向裡張望，果然是陳老先生在院內練習太極拳。露禪二人驚喜萬分，於是兩個人約定好每天來這裡偷看。兩人回到自己的屋裡再互相模仿指正動作，仔細琢磨裡面的道理。

後來，陳老先生得了重病，露禪先生一連三四天守在床前伺候，煎藥餵飯，無微不至。這下可感動了陳長興老先生，病癒後開始教露禪先生太極真諦。教習中發現露禪先生掌握得非常快，格外驚喜，於是乎傾囊相授。露禪先生也格外用功，經過脫胎換骨的練習，數載之後，盡得純功，潛心體悟，終有大成。

露禪先生功夫練成後拜別恩師回到永年，不想有一次與一僧人過手，一捶將其打死，經武禹襄先生的安排逃到北京。在京做官的武老先生的兄長有位張姓同事，聞訊想請露禪先生到家裡教拳，於是露禪先生就來到在京西四王府開設天義御醫園的掌櫃張鳳岐家中。

開始，張家對楊老先生並不以為然。有一次夜裡，忽然遇上強人砸明火（即強盜到人家裡搶東西），來者凶悍，家人皆避之，惟露禪先生一人挺槍而出，戰敗賊寇。從此露禪

先生名聲大噪，張鳳岐亦以師事之。

此時，端王載漪還是貝勒，常常外出京郊行獵。聞楊露禪之名後，一心只想收到自己府中，便命人來與張鳳岐交涉，想請楊露禪先生到府中教拳，不料被張家一口回絕。漪貝勒覺得丟了面子，很生氣。兩家相持不下，互不相讓，後來被攝政王奕儇（即光緒皇帝的父親）知道出面勸解調停，方才了事。於是露禪先生兩邊兼顧，穿梭於兩府之間，教授太極拳。自此，漪貝勒拜露禪先生為師，努力修習。

另外，端王又將露禪先生聘為神技營教習，在各王公貝勒府中教練太極拳。對於露禪先生在端王府以及神技營教拳軼事，吳圖南先生在《太極拳之研究》一書中講述甚多，對於那段歷史也描述甚詳，故而在此不作贅述。

露禪先生因為所教對象大部分不耐勞苦，所以只教了以健身為主、動作緩慢、柔中寓剛的太極拳練架，對於家傳的太極拳用架卻祕而不授。這大概也是太極拳用架流傳甚少的原因之一吧。

露禪先生有三子，長子名錡，次子名鈺，字班侯；三子名鑑，字健侯。其中楊錡夭亡。楊班侯在京教有凌山、萬春、全佑三人。健侯有兩子，長子兆熊，字少侯；次子兆清，字澄甫。少侯幼年過繼給班侯為養子，從小受到祖父露禪先生、伯父班侯的口傳心授和嚴格調教，拳法輕靈奇巧，凌厲脆快，虛實變化無端，離空凌空並用，大有乃祖乃伯之遺風。吳圖南師爺概括評價少侯先生拳法時說：「凌空抖擻，哼哈呼吸，鉤掛抖彈，點擊推按，分擺踢蹬，踏踩銷勾，進退顧盼，截絡切脈，掐筋閉穴，蕩氣封喉（索喉），

啄劈碰挫，吸引拿放，尤精推手八法，發勁清脆，豁然有聲，此外形顯而易見者。至於接手蹢勁，虛實離空並用。」少侯傳人時，主要為「太極拳用架」，講拳時出手即打，從學者多不能受，故一生教徒甚少。得其真傳者有東潤方、尤志學、烏拉布（即吳圖南師爺）、田肇麟、馬潤之（巴潤之）五人。兆清天資聰穎，從學於健侯，並按自己之形體與感受更新了拳架，從學者甚眾，門生有陳微明、武匯川、傅鍾文、李雅軒、鄭曼青、崔毅士等。60年代國家體委所標定的「八十八式太極拳」，就是按照楊澄甫先生傳授的「楊式太極拳套路」改編的。

另外，露禪先生、班侯先生所傳三大護衛之一的全佑之子愛紳，字鑒泉，得其父真傳，而且性格和藹，待人至誠，故「文人雅士多喜與之遊，其門徒遂遍天下矣」。得其傳者除二子吳公儀、吳公藻外，當時有吳圖南、徐致一、趙壽春、趙元生、葛馨吾、金壽峰、馬岳梁等。所傳授之套路，被後人稱之為「吳式太極拳」（海外稱之為「吳家太極拳」），現在海內外流傳甚廣。吳圖南師爺先向鑒泉先生學習練架、推手八年，後又向少侯先生學習用架和太極功四年，承傳兩家之學，用功不怠，終於大成。

此即由楊露禪進京以來推廣發展太極拳的梗概，由此可見楊家祖孫三代對太極拳在近代的發展有著不可磨滅的功績。

第二章

太極拳用架各論

第一節　太極拳用架述真

太極拳用架是與練架（又稱行功架、慢架）不盡相同的拳法。因其勢短小，動作快捷，發勁輕脆，故又稱小架或快架。

太極拳用架常被人誤認為班侯所創，往往冠以「班侯××拳」，「班侯××架」，以訛傳訛。事實上這套拳法在露禪先生進京以前就有了。露禪先生初至京師落腳教拳之處———天義醫園東家張鳳岐家就有如下記錄：「太極拳功夫有崩啄拿劈、掤捋擠按、採捌肘靠、哼哈呼吸、點擊推按、勾掛抖彈、搓折滾甩（抽）、招筋切脈、閉血（穴）斷（截）氣，怒是真怒，笑是假笑，抖擻凌空。」吳圖南師爺早年在北京香山萬安小學教書，與張氏後人張伯允先生往來甚密，並得到《張氏隨筆》一書，本書乃是張鳳岐與醬菜把式侯德山一同跟露禪先生學習太極拳時所作的筆錄。可惜「文革」時師爺被人抄家，此書亦下落不明，雖只剩下隻言片語，卻也可作為太極拳用架原貌之佐證。

師爺曾屢次向我提及，並在《太極拳用架序稿》一文中記述了少侯先生之言：「祖父露禪先生嘗云：太極拳有體用之分，有大方舒展、玲瓏緊湊之別，無論盤拳、打手、應用散手等，均以此區分其造詣之深淺。雖因人體稟賦強弱之不同，智慧高低之不同，練拳久暫之不同，功夫純雜之不同，教者均用不同之方法，因材施教……若為鍛鍊身體，祛老延

年，達到益壽長壽之目的，教以練架，非有相當體質，方可教以用架。」又因「太極拳用架為個中之秘，師第傳授代不數人」，故露禪先生傳班侯先生，班侯先生傳少侯先生，少侯先生傳烏拉布（吳圖南）、尤志學、田兆麟、東潤芳、馬潤之五人，後又傳四川劉希哲。

吳圖南先生所教者甚眾，然盡得其真傳者，卻寥寥無幾，這是因為師爺教練此拳必擇人而授，而其人又必須具備能脫胎換骨的毅力才可學得此拳。

練習太極拳用架，不但要有好的武術基本功（即腰腿基本功），更要有深厚的內功修為，其中不僅包括太極拳練架基本功，而且有系統的功法操練───即太極功。吳圖南師爺將其分為著功、勁功、鬆功、氣功四部分。只有透過不斷的內功訓練，並隨著其修為的不斷昇華，太極拳用架才能逐漸地得以完善。這和有些人所講「除架子低和速度快之外，其他要求與太極拳大架相同」的論點是截然不同的。用架是由套路與著功、勁功、鬆功、氣功等內功鍛鍊融合而成，否則就練成類似猴拳或慢架快練了。

太極拳用架首先十分注重對著熟的訓練。吳圖南師爺對套路中反覆出現的勢子很重視，主張套路與單勢操練相結合，仔細地體會各種勁路的變化，從鬆入手把功融於著法當中。每一勢無論動作、勁路、意氣、呼吸都有極為嚴格的要求（同練架有不同的地方）。由慢漸快，力求短小簡捷。久而久之，自然而然把著的變化轉換成勁、意、氣的變化，也就是拳經所云「由著熟而漸悟懂勁」。然後再捨著求勁、求氣……循序漸進，直至「應物自然，全身透空」之化境。

　　筆者 60 年代末學練用架時，有幸常常見吳圖南師爺演練此拳。當時師爺已經八十有五，白髮銀髯，卻依然抽插內彈、弓馬連枝、凌空跳躍，步法輕靈機敏；分擺踢蹬、踏踩削鈎、點擊推按、鈎掛抖彈，腳法、掌法脆快分明；八法五步、搓啄碰截、抖摟彈炸、黏離凌空，往來流利，蕩擊合一，意勁玲瓏剔透，全身透空，通體貫串，絲毫無間，全神籠罩，氣勢磅礡。真是無一處不輕靈，無一處不堅韌，無一處不沉著，無一處不順遂。

　　太極拳用架的訓練過程就像登山一樣，循階而上，步履艱辛，絕無捷徑可走。正如師爺所云：「而其要則在乎練」。當年少侯先生幼年練功，因不耐勞苦，投井自盡，被家人撈出，經痛責後，奮發用功，終繼祖業。吳圖南師爺 9 歲受業，讓少侯先生趕到八仙桌下練功，汗水浸透足靴。在演練打手時，更被少侯先生打得遍體鱗傷。師爺不畏苦痛，練功不輟，終成一代名師。

　　從前賢們刻苦練功的經歷中，吳圖南師爺總結出一句話：練習太極拳必須有百折不撓的毅力、萬夫不擋的勇氣和脫胎換骨的精神。

　　吳圖南師爺早在 1938 年於西北聯合大學任教期間，就寫了《少侯先生太極拳要訣》一書，書中詳盡地講述了用架精義和部分用架的練習要點，但是，由於種種原因其書未能完稿出版。只有馬有清老師在吳圖南師爺口述的《太極拳之研究》一書的「斬拳新呈」中，對本拳從歷史到演練都作了簡潔的介紹，使同道們能了解到太極拳用架的概貌。

第二節　太極拳用架要點簡述

太極拳用架，基本要求如虛靈頂勁、涵胸拔背、沉肩墜肘、氣沉丹田、鬆腰鬆胯等與練架相同，在此不贅述。現僅將吳圖南師爺所授用架的獨特之處，結合個人體會加以闡述，學者或能自粗淺之論中獲涓滴之益矣。

一、動作準確，節奏分明

太極拳用架在手法中有點擊推按、鈎刁掛抖彈；腳法中有分擺踢蹬，踏踩勾叨；步法中有弓馬虛丁，抽插連枝，凌空跳躍等；勁法中有啄、劈、碰、搓、鼓蕩、抖擻等。在功夫到達高級階段時更有離空、凌空等方法；應用到打法中又有抓筋、拿脈、截膜、閉穴等方法。所以，練習用架或在用架單操時，一定要遵從前人「無人若有人」的法則，每式舉手投足均要到位，動作要保證準確無誤，方能充分地練習以上的各種方法，達到功夫上身的境界。

少侯先生說：「要像銃子，要搶中線。」這就是說，無論做點、擊、推、按，鈎、刁、掛、抖、彈，還是捶、崩、啄、劈，其前手都要在自己的中線上（即身體中正，後手於前手的後下方，兩肩與雙手恰恰組成一個三角形，前手正處在其銳角上。從自身勁氣的角度看，前手如處於一個錐體的尖端，而其尖銳程度則取決於功夫的深淺）。吳圖南師爺在

《太極拳用架序稿》中說：「前手居於中線，來得緊、去得硬（冷脆之意），不遮不架是個空，前手護住全身，左右移動，不可失半尺之徑。」運用這種方法去搶對方的中線，或去攻對方側翼，對己而言其危險性都是較小的。

用架的身法要求中正安舒、支撐八面等，與練架相同，但身體要求蹲得很低。吳圖南師爺常講，少侯先生讓他到八仙桌底下去練用架，並說這樣才能練出功夫來，用時才能伸縮自如。其步法多用連枝步，原因是其轉換靈活，變化疾快。全身動作要保持協調一致，上下相隨，要講究「氣要中定，勢要騰挪」和「手急足輕，手到腰到」，無論練習、應用都絕不能有半分懈惰。

太極拳用架動作短小，速度疾快，練習一套一般用兩分半鐘。但由於其中有發勁、化勁，以及氣的養、蓄、運、使與開合，所以有抑揚頓挫、節奏分明之感。用架中發勁冷脆，化勁圓活，甚至發即是化，化即是發，發化結合，只一無二。但是，必須具備靈活小巧、疾快準確等條件，才能做到這一點。

用架勁中要有鼓蕩等勁，此屬合氣之法，練時快中有慢，才能細細體會之，而且在應用中也要有換勁與蓄勁的過程。一般在換勁、蓄勁時，動作轉換過程中速度相對減慢。同時，太極拳用架又講究意、氣、勁相合，故其氣結合意、勁在運使時要快，而在養蓄之時也要相對減慢。這樣，就形成了靜若山岳、動若江河、動若脫兔、蓄勁如開弓、發勁如放箭的抑揚頓挫、節奏分明的訓練形式。

太極拳用架，透過日常練習能自然而然地將其應用到技

擊中，從而掌握攻防節奏，保持動態中的平衡；同時，也容易了解對方的攻防節奏，調整自身的節奏去破壞對方的動態平衡，從中產生了「後發先制人」「避其銳氣，擊其惰歸」的打法。在太極拳的高級階段中又有「先中先」的對峙方法。就雙方對峙僅從時間而言，是尋找時間差來打擊對方。故明朝大將俞大猷有「剛在他力前，柔在他力後」和「知拍任君斗」之說。當然，「剛在他力前」僅是太極拳「占先中先」之全豹一斑。

吳圖南師爺曾總結道：「太極拳用架以勢破竹，善能致人。近而使之遠，遠而使之近，引之使來就吾之勢，節也。太極拳用架其妙在於熟，熟能生巧，熟則心能忘手，圓活不滯。又貴於靜，靜則心不妄動，而能裕如，變幻莫測，神妙無窮。有虛實、有正奇、有進銳、有退速，其勢險，其節短，不動如山，動若雷震……」

二、周身鬆沉，舉動輕靈

所謂鬆者，為太極拳之最要緊者。對此，馬有清老師曾說：「鬆，是太極拳的靈魂。」吳圖南師爺所傳授的太極拳傳統練法中有「鬆功」的專門練法。但是，有人把鬆說成對方一來我一鬆，或把鬆理解成懈怠軟弱，這都是不對的。

首先，我們應當明白「鬆」是一種狀態，而不是招法，故而鬆是要貫徹太極拳體用始終的。簡單地將鬆說成對方一來我一鬆，將鬆僅作為一種招法來認識是有問題的。然而鬆又不是懈，太極拳所練就的太極勁是意、氣、勁的混合體，

鬆是練習太極拳和應用太極勁時所應具備的狀態。所以說，若沒有太極勁作內涵的鬆，是懈而不是鬆。相反，沒有鬆的狀態，也就缺乏練習太極勁的基礎。

因此，練習太極拳若脫離了太極勁去追求所謂的「大鬆、大空」，則是空洞而不實際的。

至於鬆的狀態，有人曾描述像一件衣服掛在衣架上，或者像一朵盛開的花。而吳圖南師爺則將其分為三個階段，並形象地用風吹三種不同的樹所作的反應，分別形容三種不同的鬆的狀態。開始時如風吹柳樹，枝條搖擺而根不拔，繼而如風吹楊樹，枝葉作響而本不動，最後如風吹松樹，穿針而過而枝不搖。這三種狀態的比喻，道破了「鬆」在勢、勁、氣三階段的逐漸昇華，較其他人所描述的更為貼切。

在練用架過程中，只有「勢鬆」，方能做到關節靈活、招法多變，最後周身肌肉為我所用。只有「勁鬆」，意、氣、勁方能隨動作而承接轉換，方能節節貫串，從而達到「捨招變勁」之效。只有「氣鬆」，方能有敷、蓋、對、吞，方能有遠距離感覺，從而做到「氣分陰陽，機先動靜」「先知先覺」，發於機先；方能如松臨風、全身透空、應物自然。這些才是我們在練習用架與應用散手時始終應保持的「鬆」，當然，也是我們練拳當中所追求「鬆」的目的。

所謂沉，首先是指氣與勁的沉，這是與浮相對而言的，決不是要我們將身體練得沉重了。我們透過站樁與練架的鍛鍊，能很自然地做到上身沉肩墜肘，下身鬆腰落胯，同時也能非常自然地做到氣沉丹田、鬆落湧泉和根起根落了，久而久之，練就推挽不移的穩定性。另外，只有沉穩了，才能真

正做到太極拳「其根在腳，發於腿，主宰於腰，行於手指」的要領。

太極拳大師鄭曼青先生曾說過這樣一句話：「湧泉無根腰無主，力學垂死終無補。」話雖簡單，卻告誡我們氣勁鬆沉的重要性。只有做到鬆沉，才能保持身體的穩定性，有了穩定性後，才能再談靈活性。因此，我們在練用架時，必須在根底堅實的基礎上，做到步法上的靈活、身法上的輕靈。此外，鬆沉也是沾連黏隨以及各種勁法的基礎（以後有論述）。沉的另一個意思是沉著，這是指在練習太極拳用架時要心靜勿躁，總以「平常心」全神貫注地體會每一個動作細節，體會盤架中的陰陽漸變過程。久而久之，勁、氣轉換自能靈活自如，隨心所欲。由於沉著而產生鬆靜，又由於鬆靜而空靈油然而生，此時動作如樹臨風，漸漸達到全身透空的境界。

太極拳中講到輕靈的地方很多，然而如何做到輕靈呢？古人說：「身輕者體健。」欲要身輕，必從腰腿求之。太極拳是中國武術的一種，在練習初期同樣是要求基本功訓練的。吳圖南師爺小時候在鑒泉先生拳館練拳時，首先是練習抻筋、搟腰、溜腿、下叉等加強自身柔韌性的武術基本功。在《太極拳之研究》一書中，師爺曾詳細地記錄了拳館中練習基本功的情況。武術運動中有一句諺語叫「不怕力大一石，只怕筋長一分」，就是經過基本功鍛鍊之後肌肉韌帶柔韌性加強，全身關節運動靈活、屈伸自如，運用到拳法上就能加強身法、步法與勁的靈活敏捷性。因此，做到太極拳用架中所講的輕靈，首先是以加強柔韌性的武術基本功為前

提。有人認為，太極拳的練習不需要練習腰腿的武術基本功，事實上卻恰恰相反。

據吳圖南師爺說，他們幼年開始學習太極拳時，首先就是從抻筋、溜腿、搗腰開始的。有人說那些都是年輕人的事，其實非也。誠然，人過中年，隨著年齡的增長，肌體柔韌性逐漸減退，但如果不注意練習，任其日益衰退是非常有害的。至於有人說，「人老了，抻不出來了」，這也是非常主觀的。我以前曾親眼見一位 77 歲的銀髯老者（從來沒練過武術），開始腰腿不好，蹲下起來很費勁，他每天在樹林裡不練別的，就只堅持壓腿、溜腿，半年以後不但腿踢過頭，而且還能劈叉呢。

我們在加強基本功訓練之後，筋骨肌肉會為我所用，這時再注重體驗更高一級的東西，去追求太極拳用架中所講的「輕靈」境界，在經過一番基本功訓練以後，筋骨的柔韌性得到加強，這時，我們就要用意念加強勁、氣的轉換。無論在盤拳還是練功時，都要注意在每一細微動作中，勁、氣都要輕靈地轉換。

關於這一點，杜育萬先生記的《山西師傳蔣發語》曾有過明確的闡述：「筋骨要鬆，皮毛要攻，節節貫串，虛靈在中。」由此訣，我們可以非常明確地了解到，筋骨鬆、皮毛攻，是保證勁、氣能輕靈轉換的關鍵。所謂筋骨鬆，可以透過鬆功的練習，令全身每塊肌肉能隨意運動，足、踝、膝、胯、腰、肩、肘、腕、掌、指主要關節能活動裕如。而且，由太極拳氣功的特殊修練之後，能做到「氣遍身軀不稍痴」，然後逐漸達到能「全體發之於毛」，從而能使毛髮開

發，做到皮毛攻的要求。氣先勁後，節節貫串，周身各點均能隨意收發，抽添變化，即可謂「虛靈在中」矣。然而，在太極拳用架中動作勁、氣變化都以輕靈疾快、勢勢相連、似斷非斷為標準，並且每個姿勢務必準確，所以，若要做到如此「輕靈」，非得在正確的指導下，下一番脫胎換骨的苦功不可。

然而，「鬆沉」與「輕靈」初看似乎矛盾，但事實上按太極拳的理論是有陰陽屬性的，因此，對它們的理解不能是單一的，而是相輔相成、互相轉化的。

三、其勢險，其節短

太極拳用架的動作較練架短小急促。短者，動作緊湊之謂也，其目的在於提高速度以應敵。故在練習過程中我們能夠感受到，在每招每勢中絕對避免多餘的動作，力求簡捷，而且在每勢的變化中力求運用接點上小的變化，發揮盡量大的作用。前手護住中線，出拳發掌亦僅尺許，其原因在於，太遠發拳未及彼身，我勁已弱，如強弩之末，力不能穿縞。在各勢變化運動中，實用拳法裡則講究其爆發力度。

太極拳用架作為一種實戰拳法亦不例外，拳論中所云：「其根在腳，發於腿；主宰於腰，形於手指。」太極拳交手法裡說，「手到腰不到，放人不得妙；手到腰也到，放人如拔草」，講的也是這個道理。主要意思是要求在發放時，由腳而腿、而腰、而手，全身整體之勁，集中一點發出，從而加大對敵手的打擊力度。

　　吳圖南師爺曾經講過：「能以最小的力施於其身某處，而使其身之其他處，產生一種最大之他力。」以此應用，方能達到太極拳所謂力小勝力大，以及以柔克剛的目的。

　　短小的動作可以加快攻擊速度而節省時間。因為太極拳用架是由外及內的練法，所以決定了先求開展後求緊湊的訓練途徑。練拳過程中，短小的動作並沒有減弱意、氣的運用，相反，在練習中面、條、塊、點較練架分得愈細愈小，其相應的外在氣場卻愈大。

　　在每一變化中全有其相應的核心，在這基礎上動作外形短小精悍，而其相應的意念氣場要大，氣先勁後，從而使太極拳發、拿、打、化的威力大大加強。因此，對用架的練習而言，動作快捷、架勢短小則是其關要之一。

　　在技擊當中，太極拳「後發先至」的道理與孫子兵法中「兵過半而擊之」的道理近似。能成功地完成這一點，動作的短小和快捷更是必不可少的（當然還有許多其他因素在裡面），否則就容易錯過最佳時機而導致失敗。故而通常我們在練習太極拳用架時，應該將速度掌握在兩分半鐘左右為佳（單式練習除外）。

　　在平素練習中，我們還要邊練邊假設敵人，做到無人似有人，也就是吳圖南師爺所講：「應敵而出，不遠不近，不先不後，適中其節。」所謂節者，吳圖南師爺指的是一定要有度數，而且應以中節為貴。而「中節」一般泛指在練拳或技擊時必須首先掌握其規律，然後即可衍生出無窮變化。

　　另外，也可以認為由於短小動作的局限，一般情況下，如果練習者的周身關節得不到伸展，勁氣就得不到正常的運

行，故而拳經上有「先求開展，後求緊湊」的說法，其緊湊的關鍵就在於中節。

我們知道，人體的中節在腰，上肢的中節在肘，下肢的中節在膝。由此可見，中節對於勁之發拿打化有承上啟下的關鍵作用，同時這些部位又是對手法、身法、步法的變化起主導作用的關節，故而就自身而言，練習用架時，一定要加強對鬆功的掌握與昇華。練習中不但要絕對避免中節的僵直，還要保證意、氣、勁能從中節之處順利經過。如拳架中之摟膝拗步的前推掌，出掌距離自身不過尺許，而且其他各勢的出拳、發掌也是如此。這就要求在盤拳中注意找出中節的鬆沉輕靈，及節節貫串的體感。久而久之，自然能曲中求直、蓄而後發。就對敵而言，制住中節，就便於掌握對方勁路運行和有效控制對方重心。

我們在練習用架時姿勢雖然短小，但氣勢卻絲毫不能弱。我們這裡所講的「氣勢」是經過長時間的太極功訓練以後，內氣得養而浩然，外氣運使而籠罩。能夠自然而然地達到在練習用架時全神貫注、內氣浩然、外氣籠罩，並蓄而後發地體現在每一動作中，從而形成一種咄咄逼人的氣勢。吳圖南師爺在《太極拳用架序稿》中曾明確地說：「太極拳用架首重其勢，勢者，力之奮發也……然猛獸將噬必伏形，鷙鳥將擊必斂翼，將用其勢也。」

當年吳圖南師爺演練用架時如鷹擊，如波湧，如虎躍，如兔走……正像師爺所說的「用架之勢，若虎之噬物，一蹴而至；鷙之擊物，一擲而下」。

對於用架中的勢和節的問題，師爺曾歸納為「其勢險，

其節短」「勢如擴弩，節如發機」等。其中所說之勢，包涵
有兩種，其一為近距離搶位，中間包括勢的搶位，以及意、
勁、氣的搶位；其二是氣勢籠罩，使遠距離感覺加強，蓄而
後發，故曰「勢如擴弩」。其中所說之節，練順我的中節變
化，動作要短小，其發如扣動弩機，使勁氣能做到薄、順、
短、脆、遠，「無過不及」的發放。因此，我們在練習用架
時，其「短險之勢」是必須具備的。只有如此才能像「飛奔
之脫兔」，像「漂石之激水」，才能做到搶位等初操勝券之
法。只有節短而發，無過不及，才能避免為人所乘，反而能
疾速制服對方。

四、剛柔相濟，虛實變換

講究剛柔虛實是許多拳種的共性，當然對太極拳來講更
不例外。在太極拳著作中不乏對於剛柔的闡述，如吳圖南師
爺說，所謂研究太極拳勁路的變化規律，就是要透過一定練
習時間來了解運動發勁之理和剛柔動靜之機。

有人說太極拳要軟綿綿地練習，而且練習時往往也給人
一種軟弱無力的感覺。其實這都是對「鬆」的認識不清而造
成的，其癥結是把剛與僵的概念相互混淆了。僵是用拙力，
所謂拙力，是全身主動肌與頡頏肌同時用力，所產生的肌肉
關節僵緊，從而使動作不協調。剛則屬陽勁，擊遠摧堅，其
鋒宜銳。柔則屬陰，走化運轉，如雲如水。

吳圖南師爺云：「夫太極拳之各勢既已練習，則當首先
注意姿勢是否正確，動作能否自然，待其既正確且自然矣，

然後進而練習應用。應用既皆純熟，斯可謂著熟也矣。」從以上之語可以看出，若避免使用拙力而做到著熟，首先必須經過武術基本功訓練，使筋骨柔韌性加強，能較如意、協調地完成各種開展的動作，而不造成肌肉緊張。拳架練起來不但可以姿勢正確、動作自然，並且能做到輕靈圓活、沉著鬆靜。而後再透過運用意念對身體面、條、段、點的分解，隨意肌均可以由我所用，隨著意、氣、勁的運行和轉換，做到收發自如，並漸漸運柔成剛，故拳經中有「運勁如百煉鋼，何堅不摧」之說。

在用架中如彈抖、崩炸、碰撞，以及冷勁、寸勁、透勁等一般被認為具有打擊性與發放性的勁，也都必須要有鬆柔作條件，方能順利地發放。就像槍彈必須有光滑的槍膛方能順利地射擊一樣，任何僵勁均能阻滯勁、氣的發放，這是太極拳練習必從鬆柔入手才能達到「換勁」的原因所在。

吳圖南師爺認為，太極勁是一種「又剛又柔、又鬆又緊、又快又慢、又不即又不離」的勁。在用架練習中，剛柔動靜相互轉換，「因而變易其速度、變易其方向、變易其著力點、變易其力的大小等。且能以最小的力施於其身某處，而使其身之其他處產生一種最大之他力。以應用於推手者，而能達到太極拳以慢勝快，以力小勝力大，以柔克剛，以靜制動之目的」。

掌握了這些以後，再加大對意氣的感知力度，漸漸做到「行氣如九曲珠，無微不至」，加之太極拳氣功的特殊訓練，促使人的毛孔開放，人體的體呼吸相對加大，稍用意加以引導，即能順利地令勁、氣臨皮，做到「全體開發於

毛」，則能進入「虛空粉碎」「全身透空」的階段，全身上下則「無一處不輕靈，無一處不堅韌，無一處不沉著，無一處不順遂」了。

太極拳中有「以柔克剛」的說法，然而，所謂以柔克剛中的柔並非軟弱無力，而是經過長期訓練的一種陰柔之勁，狀如水流，或膨滿，或傾瀉，或涓涓細流，或鼓蕩湍急。其形是「人剛我柔」，其目的則是「我順人背」，以達到牽動四兩撥千斤而令對方受制於我。所以說，柔勁是與剛相對而言的。

由於剛柔之變化是相生相剋的，在運用時剛柔又是相互依存的，故而在太極拳用架練習中，隨著招勢運用和勁的發、拿、打、化，必須逐漸做到運柔成剛，剛柔相濟。

楊澄甫先生說：「虛實能分，而後轉動靈活，毫不費力；若不能分，則邁步重滯，自立不穩……」這裡所分虛實最初在於雙腿的重心變換，即楊澄甫《太極拳十要》中所云：「全身皆坐於右腿，則右腿實，左腿虛；全身坐於左腿，則左腿實，右腿虛。」當然，我們在剛剛練習虛步與弓步等步法時，腿上的虛實變化要注意由所謂的「單擺浮擱」（馬步、併步、橫襠步等步型除外）一腿，逐漸變更到另一腿。此時，我個人體會關鍵是在胯部的折疊轉換。但是，有人過分強調練拳時要一條腿虛、一條腿實，否則就是雙重。同時，這些人還認為練拳時腳下有根是錯誤的，要虛著雙腳，腳下無根，做到「無根樹」和「腳下雙輕」。

我認為，首先，這些人不懂什麼是步法，如果練拳時一定要一腿實一腿虛的話，那麼馬步、橫襠步，不就成了雙重

了嗎？另外，弓步與虛步的前三後七、前七後三的變換又如何解釋呢？所有步法都包含著虛實的變化，如果拋開變化去談虛實，那才是真正的雙重。其二，是由於這些人不明「雙重」，他們所認為的練拳時要求腳下有根，或重心在於雙腳，那就是雙重，未免欠妥。張三豐說的「無根樹」，並非指腳下功夫而言，三豐先生《無根樹歌訣》中的「無根樹」的本意乃是指煉採鉛氣而言。《三豐全集》曾有題義注曰：「無根樹者，指人身之鉛氣也，丹家於虛無境內，養出根株，先天後天，都自無中生有。故曰：『說道無根卻有根』也。練後天者，須要入無求有，然後以有投無。練先天者，又要以有入無，然後自無返有。」

　　由以上解釋，我們又可以領會到，即使退一步講，「無根樹」是講腳下功夫，其無根之意，也應該出於有根之中。武術中有一句諺語說，「練拳不站樁，等於瞎晃蕩」。其中一部分就是由站樁而達到腳底有根，相應的底盤功夫也就紮實了。這樣腳下虛實變化自然如意，閃展騰挪，步法自然輕靈了。拋開腳下有根和虛實變化，所謂的「腳下雙輕」也就成了無陰陽變化的「雙浮」，成了「病練」的一種。因此，只有透過腿部的虛實鍛鍊，才可以加強重心的靈活轉換，以增強周身的協調性和穩定性，然後體會掌握手足及全身的虛實變化就比較容易了。

　　而後，我們又要明確手上及身上的虛實。在每一動作的運轉當中，其勁存在著一個逐漸變虛、緊接著又逐漸變實的過程，這種變化恰恰符合太極圖中所示的陰陽消長的轉化過程。「無過不及」「涵陰抱陽」，正是蘊藏在太極拳中、同

時又要貫徹始終的「太極陰陽之理」。同樣，要分「虛實」，明「動靜」，首先必須明曉「太極陰陽之理」。在太極拳練習中，周身內外動則內外俱動，靜則周身內外俱靜；動極則靜，靜極復動，是為陽極則陰，陰極則陽是也；所謂靜中觸動動猶靜，是陽中有陰，陰中有陽是也。陰陽既明，虛實自分矣。

《十三勢行功心法》中云：「意氣須換得靈，乃有圓活趣味，所謂變動虛實也。」然而，如何將意、氣、勁圓活運轉呢？其「圓活」並不僅僅是指動作，更主要的是指意、氣、勁的轉換。也就是虛實在銜接點的變化，用架則稱做「往復折疊」，而意、氣、勁的虛實變化在用架來說就是「進退抽添」。我們所說的首先是在一個動作中的虛實變化，每動之先要將勁變虛，在運轉之中以意運氣，以氣行勁，隨著意、氣、勁的發放，再使其逐漸變實（用架中是一個十分迅速的漸變過程）。

這裡應當注意的是，在意、氣、勁的轉換之時，周身要放鬆，行氣要暢通無阻，應如九曲珠，上下相隨，節節相連，通體貫串，絲毫無間。以摟膝拗步為例：開始運轉時要先鬆出一個點，左手隨著摟掌逐漸變虛，而後逐指下採，變實按於襠前；右手虛運轉，自右耳畔向前旋腕按出，隨著向前擊按亦由虛變實。接下一個勢子時再左右互換，循環變化。吳圖南師爺云：「一動無有不動，一靜無有不靜，虛實分清，自能知其所以然矣。」

周身整體的虛實變化即如上述。但由於太極是無限可分的，故而虛實也是無限可分的。這就要求我們在練習中不但

要注意整體的變化，而且更要由特定的練法去修練面、條、段、點的變化，當然這在鍛鍊時應該是有階段性的。如此愈練愈精，全身肌肉、筋骨靈活自如，皆任我意，自能達到「一處自有一處虛實，處處總此一虛實」的境界。

實際上，用太極學說來解釋，無論太極拳中的剛柔、虛實、動靜、開合……都有其陰陽屬性。這些關係在人體的運動中，其屬性也在不斷地消長變化著，故而中國古代哲學中有「重陰必陽」「重陽必陰」的說法。因而在先賢所授的太極拳中，剛柔、虛實、動靜、開合等等全在無過不及的運動形式中變化著。任何有剛無柔、有柔無剛或有虛無實、有實無虛的表現就成了沒有運動變化的「孤陰」和「獨陽」，也就是拳經中所說的「雙重則滯」了。

五、用架目的：捨著求勁

太極拳用架的練習目的是掌握與運用太極勁，其原因是「著」的速度是手足的變化時間，「勁」的速度是意、氣的轉換時間。所以「勁」的變化，要遠遠快於「著」的變化。對於捨著變勁的訓練方法，吳圖南師爺曾明確地講：「用架之所以神速者，在於每一姿勢必須達到極嚴格要求，而縮短其歷程，愈快愈妙，漸能捨著變勁。」用架練習動作要準確，其目的是在於應用抓、拿、截、閉、發、拿、打、化等法時避免失誤。動作短小快捷，其目的是在於練習捨著求勁。「由著熟而漸悟懂勁，由懂勁而階及神明」。這是練習太極拳的人所熟知的一句話。練太極拳用架最初就是要做到

「著熟」，將每一勢的著法使用練習到不用想的情況下就能自然使用，換句話說就是形成了條件反射，即古人所謂「不用顧盼擬合，信手而變」，這樣才算到了懂勁階段。

前賢們說太極拳是「知覺運動」。所謂知覺運動，即是以意導體，也就是在運動中尋找體感。其論曰：「運而知，動而覺，運極為動，覺勝為知。」又云：「先求自己知覺運動得之於身，自能知人……」然而能知覺運動，必先做到心清意靜。吳圖南師爺曾囑余：「先學靜，次學悟（體會），次學練（鍛鍊），次學養（休養）……」誠然，只有用心專一，方能運而知，動而覺；只有邊練習邊體會，方能使知覺運動得之於身，方能達到明己知人的境界，方能練有所成。但是，知覺運動無論是初練時的動作到家，還是後來的「以意行氣，務令沉著」，周身的每點變化全離不開人對意念的運用。

練習太極拳用架首先要從各種功法入手，從功法中用意體會鬆靜勁氣要比盤拳時更容易，這就是所謂「練拳不練功，到老一場空」的關要所在。吳圖南師爺將承傳的太極功歸納為「太極拳的四種功」，只要持之以恆地勤奮練習，就能收到事半功倍的效果。隨著功力的增長，再慢慢將之結合到拳架中去體會，如鬆靜的狀態、彈抖、沾黏、鼓盪等勁路的運行發放等等，先根據著法的要求一一找到各勢拳法中，然後透過餵手訓練熟練掌握其應用，再將應用時的最佳狀態反找到拳法中。如此反覆不斷地從著法的實戰應用去體會，去尋求意、勁、氣的變化，從而不斷調整自己，以掌握太極拳用架意、勁、氣的運用要領，使外形動作逐漸變小，而內

功勁氣不斷加大。

　　吳圖南師爺曾講過：外面要有點、擊、推、按、鈎、掛、抖、彈，分、擺、踢、蹬、踏、踩、削、勾、抓、拿、截、閉、啄、劈、碰、搓等方法，內裡則必須氣先勁後，互相吸引，而且更重要的是吸引拿放過程中對進退抽添、相互牽引的變化體會。然而，什麼是進退抽添、相互牽引呢？這是說在練習用架時，我們先用意念在體外設一點為目標，並用意、氣、勁向那個目標發放，退時再從同一目標用意、氣、勁向回牽引。這一收一放、一進一退形成了勁、氣的抽添運行。這樣，與人相較就可用意念控制而做到不即不離，久而久之，自然發、拿、打、化神意相合，即可「不用顧盼擬合」而隨心所欲了。

　　在楊氏老譜中曾有過這樣的記載：「八卦五行是人生固有之良，必先明『知覺運動』四字之本，由知覺運動得之後而方能懂勁……」知覺運動是要調動全身各部感官，專心致志地去體會太極拳，做到「先求自己知覺運動得之於身」。運動中先求開展，再求緊湊，而且速度漸漸加快，同時，從實戰出發體悟周身變化，自能捨著變勁。

　　另外，周身如意肌亦能為我所用，形成條件反射，左右裕如，隨手而應，也就是拳論中所云的「由著熟而漸悟懂勁」。吳圖南師爺對此有過一段精闢的論述：「太極拳用架之目的在於捨『著』練『勁』。勁之研究有二，一解悟；一在乎練……招為外形有定勢，勁為在內無定勢。為研究勁路之變化，由一定時間體會，自然得出一種規律，亦是研究運動發勁之理、剛柔動靜之機之學也。運用規律應然有餘。因

此認為，勁之變化循環無端，再由漸悟之途徑，能達到愈練愈精、捨己從人之目的。」

吳圖南師爺認為，透過對用架「著法」訓練，可以練習發勁、體悟發勁，然而勁運用純熟，又可以轉換為招。再由對勁之變化加以體驗，漸悟其中三昧，隨其所好而用之，則能愈練愈精，自可應物自然了。

六、用架呼吸與氣的運用

氣究竟是什麼呢？經醫學界多年的研究，僅見其端倪而未明究竟。中醫則認為是一種極其微小的物質，是一切生命的原動力。結合研究的結果和中醫學對氣的認識，我們則認為人體的氣決定了人體內環境的調節與外在生物場的大小。由練習太極拳可以加強對人體正氣的養蓄，對內增進了對內環境的調節，促使人體臟腑功能正常，氣血流暢無阻，「陰平陽秘，精神乃治」。外則使人體生物場加大，對外的感知能力與控制能力增強，漸漸達到能「氣分陰陽，機先動靜」的程度。

關於氣與拳的關係，吳圖南師爺說：「氣猶水也，拳猶浮物也，水大而氣之浮者，大小畢浮，氣之於拳猶是也。氣盛則拳之長短與姿勢高下者皆宜。」短短數語闡明了氣在練拳時的重要性。

然而，在練拳、練功時如何注意養蓄就是一個較大的問題了。平時我們練習練架與太極功時的呼吸首先要深、長、細、勻，每每自鼻納入丹田，切忌淺、短、粗、亂而積於胸

中。應納於丹田，在丹田中加以存養。師爺曾傳詩曰：「勤學苦練養丹田，學得胎息嬰兒般；還精補腦後天氣，藉此方能補先天。」深、長、細、勻的呼吸練之日久，漸成詩中所云嬰兒般的胎息，也就是胎息法。

另外，太極拳還有一種呼吸法，為體呼吸法。顧名思義，這是一種利用皮膚進行氣體交換的方法。人體除應用鼻呼吸以外，毛孔也有小部分的呼吸作用，體呼吸就是充分利用這種功能的方法。

中醫認為人體中有各種氣，如先天而來藏於腎，為人體的原動力的先天之氣；脾胃受納與運化的水穀精微之氣；呼吸與水穀精微之氣合聚於胸中而成的宗氣；生於中焦的營氣和生於下焦的衛氣。其中衛氣具有溫分肉、肥腠理、司開合的功能。所謂的「司開合」，主要是指管理毛孔的開合。

我們經過太極功的訓練後，衛氣充足，毛孔的開合加強，從而增強了皮膚的氣體交換程度，也就是我們所說的體呼吸法。吳圖南師爺詩中所說的後天氣，除呼吸之氣外，還包含了脾胃所納受轉化的水穀精微之氣。二者在胸中匯合下納入丹田加以養蓄，復存養於玄關，以培補先天之氣。吳圖南師爺曾傳詩一首曰：「丹田後命門前，當中一點是玄關；若能參透其中意，功成祛病又延年。」玄關前為丹田，後為命門，是先天精氣與後天精氣的交匯處，明代大醫學家與養生家孫一奎將此處稱之為「太極」。此處即是變化陰陽、移精變氣之所，也是「善養吾浩然之氣」的關鍵所在，亦是先賢所說「養吾浩然之氣」之法。

吳圖南師爺說：「氣之謂，體之充者，本自浩然，失養

故餒，為善養者，以復其初也。」這是說，人之初，真氣本盛大，但隨著人的生長壯老，漸有耗損，故要養氣以復其初。談到如何養氣，師爺又說：「久之志一意靜，心不妄動，其為氣也，至大至剛，充塞乎人體之間。」這是說運用胎息等法養氣之時，一定要心志專一而不妄動，吸其自然界中精華之氣，於丹田中存養，漸漸正氣充沛，至大至剛充塞乎人體，則能「體健身輕，益壽延年，能達到長壽之目的」。

至於拳經中所云「氣以直養而無害」之方法，師爺說：「蓋因外氣易動，動則牽動內氣。實由外來之刺激，有以至之。非因於我也，故以直養為宜耳。所謂外氣以直養者，是本體不虧，而充塞無間矣。」這是說氣宜聚而不宜散，在內氣充塞無間的情況下，外氣的運轉有發放必要有回納，方不至於有所耗散。

這種發放與回納必須運用以上兩種呼吸方法，其中以體呼吸尤為重要。所以師爺又說：「直養非有相當之修養殊難奏效。」在內外氣的關係上，師爺總結道：「內外本來相交培養，方可有濟，然後由於精氣之充，發為作用——神全——立志——恆——靜——氣——拳。」

太極拳的以氣運身，吳圖南師爺認為包含運氣和使氣兩部分。運氣一般地講，是在吸氣時把氣收存於丹田，使先天之氣與後天之氣融會貫通而蓄養之，使之至大至剛充塞無間；呼氣時以心行氣，用意念引導氣，令氣隨意抵達身體各部。使氣就是將蓄養的氣在運的基礎之上加以意的指使，由經絡至孫絡，再至肌肉、至腠理、至皮膚，經毛孔的開發與

外界相連，此即《十六關要論》中所講的「全體開發於毛」。將其延長到對方身上，明瞭對方的意圖，並控制對方的呼吸，這是要經過太極氣功的訓練方能達到的。

太極拳氣功一般要經過氣沉丹田、氣貫手指、氣貫腳背、氣貫任督、氣行經緯五個階段方能完成。太極拳用架中所要求的使氣則是在此基礎上修練而成的。

太極拳用架的呼吸與練架不同，練架呼吸是以自然為主，而用架則因其動作迅速、節奏分明，與練架迥然有別。用架的呼吸是隨著其動作的收發節奏而進行的。最初發添為吐氣，收抽為吸氣，節奏快時為偷氣，節奏緩時為蓄養。因為用架動作急促，所以使用正常呼吸是不夠的，必須將平時所掌握的體呼吸與胎息等特殊呼吸方法，施用到用架練習中去，再令其與有節奏的吸氣與吐氣相配合，加之哼哈的發聲，而形成了有節奏的哼哈呼吸。然後由推手訓練和對方的呼吸相連，並將其感反饋到用架練習中去，以配合以氣運身，久而久之，自然如吳圖南師爺所說「舉止靈敏，動作迅疾，進退擬合，無往不利，捨己從人，應物自然，全身透空，因敵變化」。

此外，在之現象實因「內具百折不回之毅力，萬夫不當之勇氣，表裡相固，其神全也」。故太極拳用架的練習與應用時要「精足氣盛而神全。內增毅力勇氣，外具全神之籠罩，神形合一，勇決不餒」。聽說楊少侯師祖練習用架時要變臉，我想這大概是因為少侯師祖在練拳時神形合一的結果。

七、用架中的各種勁

綜上所述，太極拳的體用全都要意氣在前，而勁在後。然根據其用法之不同，根據其意念之不同，根據其剛柔之不同，根據其用著、用意、用氣側重之不同，可形成各種不同的勁。其中有以冷脆為主，有以輕柔為主⋯⋯然而不管哪一種發勁，都以內外合一為要。

沾黏勁：

沾黏勁是由沾勁與黏勁兩種內勁組成。有人說：「沾似蜻蜓點水，黏則如漆似膠。」信然也。在用架中，練習者放鬆以後，氣機流暢，勁氣收放不即不離，應用之時用意念和對方相接，進退抽添，牽動往來，此是沾也。黏是指用意氣吃住對方，使對方欲脫不得。另外，有我勁發之即回，抓住對方之反作用力而提拿之，令彼失重。

彈抖勁：

彈抖勁是用內勁發若彈簧，令對方彈出。這要求要有一定的功力，周身上下要具有迎合一定間的彈簧勁。最初練習是在手上發冷脆勁，發出後自己本身的勁與對方脫開，千萬不能拖泥帶水。練之既久，就能用意氣引導，周身上下均可發放。

搓勁：

搓勁是用掌心至指端發勁的一種方法。發勁時注意要以腰為中心上下引開，其下者而腿、而足；其上者而肩、而臂內緣、而手掌心，一線發出，勿使有斷續處，如過去婦人用

洗衣板搓洗衣服一樣。初練用手，漸而所練之勁遍及周身，隨處可用矣。

劈勁：

所謂劈勁，是自上而下、向前劈擊，具有斷脈截膜作用的勁。是一種比較剛勁的勁，然而發此勁時不能使拙力，要鬆而發之，發則如斬鋼截鐵一般，勁要冷脆，是寸勁的一種。也是殺傷手的一種。

碰勁：

碰勁是以中定勁為基礎的勁法之一。是截回對方來力，使其力返至其身的方法。用中定之法前迎敵來之勁，在其將發未發或勁發一半被我碰住，令其來力與將來之力一同返回其身而跌出。此勁在用架中，可配合進身之法練習之。應用上有已至己身、將至己身、未至己身的分別。

崩勁：

崩勁之法與其他拳種之崩勁類似，是一種打擊對方之勁。發時要自下而上節節相催至拳端，重擊敵身打透勁。拳中有如搬攔捶、遊蕩捶之屬。亦可由拳帶動全身，使身體各處均能發之。

炸勁：

炸勁與崩勁同屬於殺傷手之類，一拳一掌互換為用。其用時突張五指而吐掌心，勁透掌而發，意、氣、勁周身合一，擊胸透背，為殺傷手的一種。拳中有如摟膝拗步、倒攆猴之屬。

鼓蕩勁：

鼓蕩勁是在沾黏勁與顧盼的基礎上，以內氣引動內勁發

收、起落、抽添而致。其狀如波蕩漾，如濤起落，如鷹擊，如雲起……變化多端，不可勝數。然而，運用此勁，丹田之氣必須能夠運轉外勁，遂能透皮而發，因此，內外合一是能運用此勁之關鍵。

啄勁：

啄勁有「開口啄」與「閉口啄」的變化。「開口啄」如沾黏之屬，如蜻蜓點水，勁發中的，立即回收。是利用對方之頡頏力將其牽動提拿。「閉口啄」，如啄木鳥啄樹幹，其中並含點擊推按等手法，對一個目標連續不斷地發放，並且每每中的，是先破壞對方重心，而後發放的方法（功夫高的人是用內氣催動）。

離空勁：

離空勁是一種以意、氣為主控制對方的方法，應用者必須具備深厚的內功根底方可用之。應用時先將自己的外氣透於身外，加大自身知覺的能力，從而感知對方的虛實動靜，是做到「人不知我，我獨知人」和「引進落空」的方法。

凌空勁：

凌空勁是勁、氣、神的結合，屬太極拳的神打範疇，亦是太極拳各種勁的最高級階段。應用者運用意、氣即可用遠距離感覺去探知對方虛實動靜，使用自己的呼吸去控制對方的呼吸，然後再順應彼勢，用神、意、氣在一瞬間去控制對方，令對方感覺到氣被提起而跌出。吳圖南師爺曾作凌空勁歌一首，道破練功的階梯，歌曰：「露禪班侯孟祥間，三世心傳凌空難。我今道破其中秘，洞徹全豹反掌間。只因傳功皆口授，未曾公開告世人。且幸恩師多奇重，教我其中步驟

全。我今道破其中意，節省時間又便傳。先須啄勁練到手，再練蕩勁不費難。離空諸勁全學會，哼哈運氣亦練全。彼此呼吸成一體，牽動往來任自然。此時再學凌空勁，堅持功夫一二年。手舞足蹈隨心意，至此方叫功夫完。」

八、吳圖南師爺的十字訣

吳圖南師爺在少年學習用架期間，曾將自身的體會總結出十字口訣：「準、是、穩、脆、真、恰、巧、變、改、整。」

1. 準者，是要在練習時，無人若有人，抓、拿、截、閉手法要準。在掌握以前必須要明其尺寸分毫，明其筋脈走向、關節穴位。抓是抓其筋脈，如抓手三里、肩井等處，令其無力反抗，隨我所制。拿者，是拿其脈以及反骨關節，令其力不能續，甚則扭斷其關節處，故亦稱之為斷脈，如拳中手揮琵琶之屬。截者，指用手法截斷敵骨關節薄弱處，如用砍法擊其鎖骨、用削踢踹其脛骨等等。閉者，是擊其穴位，如擊膻中、擊喉頭、擊期門等等，用之較難掌握。

2. 是者，是要在練習時，每招每勢操練正確，並且要有的放矢。在練習之時，必須要明白每一招的用法如何、身法如何、步法如何、手法如何、勁氣變化如何，諸法之中相輔相成，變化環生。師爺常說「用攬雀尾，就用攬雀尾；用搬攔捶，就用搬攔捶」。

3. 穩者，是要在練習時氣平心靜，起落身法要穩。最初練習以鬆沉為基礎，一定要底盤堅實、落地生根。但是僅有

底盤功夫還不夠，搞不好會弄得腳下笨重、變化不靈。因此，在用架中同樣講究對步法的操練，隨著功夫的增長，身體步法慚慚輕靈，腳下虛實隨時變換，而且也輕靈穩固，重心不失，此乃是運動中的中定。師爺說：「去的時候要穩穩當當的，十全十美的，各方面都顧及到了。」

4.脆者，是要在練習時，勁提輕放脆，發如放箭。少侯先生有「薄、順、短、脆、遠」發勁五字訣。勁在本體一定要透皮而發，故曰「薄」。發勁要周身配合，氣先勁後，無所阻滯，故曰「順」。發勁時動作短小，故曰「短」。勁發出後全在敵身而無絲毫糾纏，如引弩發矢，故曰「脆」。發擊意念要遠，勿在己身，故曰「遠」。在此五字訣中，不僅要知勁的變化，而明曉意氣的變化更為切要。學者應仔細體會。

5.真者，是要在練習時，去則真去，切勿遲疑。以意導氣，發則中的。演練時一定要配合餵手、散手練習，方能在練套路時不斷加強體會，調整自己，才能去偽存真，不至於自欺欺人。

6.恰者，是無論練習還是應用，時間上要恰到好處，不慢也不快，否則容易被人所乘。在練習用架套路或單操時，每動每勢，要結合應用，把發、拿、打、化等各種手法、腿法、身法、步法、腳法都做得恰到好處，也就是所謂「無過無不及」和「不即不離」。制人而不制於人。

7.巧者，是要在練習時，抓住時機，切莫放過。在練習每一招變化的時候，一定要體會並掌握其中勁、氣變換的巧妙之處，知其中之巧，而後方能愈練愈精，此所謂「階及神

明」之「階」也。學者不可不察。師爺說：「對他巧妙，即彼不動，己不動，彼微動，己先動。」

8. 變者，是要在練習時變化多端，令彼莫測。在練用架時須明用法的奇正變化（奇之變化含於「改」字中），如攬雀尾裡有：叉子手、鵲起尾和鳳凰三點頭之變；單鞭中又有勾、掛、抖、彈之說……諸如此類都是拳勢中規定的用法，屬正變之法。在練習時只有明變化、重轉換，一絲不苟地去不斷體驗，方能確實掌握拳中之精髓。

9. 改者，是要在練習時，彼隨我變，我隨彼改。這種是所謂「奇正變化」中之奇的變化，如我用叉子手點擊敵喉，敵扣抓我手，我則旋腕翻掌挒而發之……如此改變之法不勝枚舉，學者自悟。然而無論變，還是改，其原則都是必須做到「圓活無滯」「我順人背」。吳圖南師爺曾指出，練用架要以「精變巧改為勝」。

10. 整者，是要在練習時，彼力即我力，彼之四肢即我四肢之延長，我勁與彼勁連接要整勿散。欲做到這一點，首先要做到進退抽添和牽動往來，能在尚未接觸時即與對方意、氣相接，做到「彼意尚未及我身，我意已入彼骨裡」。同時，在練拳完成每一動作時，意、氣、勁的運行轉換又要做到由腳而踝、而膝、而胯、而腰、而脊、而肩、而肘、而腕、而掌、而指，節節貫串。以上兩者緊密配合，就能切實做到前人所講的「發時手腳認端的」，和真正做到師爺所說的「無一處不輕靈，無一處不堅韌，無一處不沉著，無一處不順遂，通體貫串，絲毫無間」。

以上十法是吳圖南師爺學用架時的體會，我們則要在練

習中不斷體悟方能掌握，而後則愈練愈精，愈練愈明，循師爺之「階及」螺旋上升，自然而然中漸可到達「神明」之階段矣。

第三節　太極拳的手法、腿法和步法

手法、腿法和步法是武術技擊的基本動作。手法中包括了拳法、掌法；腿法中包括了腿法和腳法。太極拳作為武術運動之一，也與其他拳種同樣具備這些基本動作。然而由於太極拳自身特點，在練習中又有獨特的規定和特點。

一、拳法

拳者，攏捲五指，握之為拳也。其手心一面為拳心，手背一面為拳背；食指、中指、無名指、小指相併一面為拳面；拇指與食指相握之眼為拳眼；小指一側之眼為拳輪。

太極拳的握拳特點有三。一是先將除拇指以外的其他四指指尖內捲，抓扣於掌中，再將拇指下扣，其指尖處於中指第二骨關節上。吳圖南師爺說：「拳者，屈指握固，團聚氣力以擊敵者也。」二是握拳時要鬆攏五指，切勿僵力緊握。然而「鬆攏」之鬆，也並非軟弱無力之謂。其目的是讓勁氣順利流行。初學者應注意先掌握好第一點，再漸漸體會第二點，方能避免偏差。

太極拳套路中有「五捶」之說，即搬攔捶、撇身捶、肘

底捶、栽捶、指襠捶。其實單鞭、打虎勢、彎弓射虎等也是使用拳的姿勢，只是拘泥於傳統未被列入「捶」之列而已。過去太極拳著作中常按拳、掌之方位、形態來設定名稱，為方便學者，以下亦依此慣例。

1.正拳

凡拳眼向上，拳心向側（右拳向左，左拳向右）、拳背朝外、拳面朝前者，無論臂之伸屈，均屬正拳。如搬攔捶、彎弓射虎等。對於伸出打擊者，武術其他拳種有稱之為沖拳、撩拳者。

2.反拳

凡拳輪向上、拳心向外、拳眼向下者都屬於反拳。一般反拳都舉過頭頂，如彎弓射虎等。其他拳種也有稱之為掛拳、架拳者。

3.立拳

凡拳面向上或斜上方、拳心向內、拳輪向前、拳眼向內者，均為立拳。如肘底看捶之左手，雙風貫耳之雙拳。其他拳種稱前者為抄拳、後者為貫拳。

4.仰拳

凡拳心向上、拳背向下者為仰拳。其他拳種也有稱之為蓋拳、砸拳的。

5.俯拳

凡拳心向下、拳背向上者皆稱之為俯拳。如撇身捶、分腳、蹬腳者之抱肘動作。在其他拳種中也有稱之為抱拳的。

6.橫拳

凡拳面向前者，拳心向左、拳眼向上者，稱為橫拳。如

肘底捶之下面的拳與打虎勢中下面的拳，都屬於橫拳。

7.栽拳

凡拳面向下、拳心向內、並向下砸擊的都稱之為栽拳。如栽捶。

8.掐拳

凡拇指掐捏於食指第三關節上、其餘三指撮攏於掌內、拳背向外、拳心向裡、垂腕裡勾者稱之為掐拳。如單鞭、退步跨虎等。其他拳種中也有稱之為勾手者。

二、掌法

五指鬆展伸直，手心外凸為掌，然而又有五指併攏和分張之別（太極拳大多屬於後者）。其手背一面為掌背，手心一面為掌心，小魚際一側為掌外緣，手指一端為掌指。

太極拳之掌法，主要以舒張五指、外吐勞宮為主。然而在練習時，一定要注意分清虛實。其虛時掌心微凹，隨出掌隨舒張五指，推至實掌時則呈掌心微凸，五指呈舒張狀態，即所謂「展指凸掌」。但初學者切忌強撐五指，致使產生僵勁。

1.正掌

掌心向前、五指向上、腕部下沉、掌與腕約 90°者為正掌。如摟膝拗步、攬雀尾等勢中的推掌。其他拳種也有稱之為推掌的。

2.立掌

掌心向側、掌指向上、掌外緣向前者為立掌。如手揮琵

琶、搬攔捶等勢之掌。其他拳種也有稱之為挑掌和劈掌者。

3.平掌

掌心向上、掌背向下、五指向前為平掌，如攬雀尾、金雞獨立過渡勢等。其他拳種又有稱之為穿掌的。

4.垂掌

手指向下，掌心方向不定，如海底針、雲手之下手等。其他拳種也稱之為插掌。

5.撩掌

拇指內扣，掌心向內，大魚際部向上，如山通背第一動。

6.托掌

拇指向下、掌心向外、掌背向後、掌外緣向上者為托掌。如金雞獨立等。其他拳種也稱之為亮掌。

7.按掌

掌心向下、掌背向上、勁向下按者為按掌。如摟膝拗步等。

8.切掌

形與按掌略同，僅僅五指微微斜向一方，掌心向下偏斜，如高探馬之上手、金雞獨立之下手等。其他拳種又稱之為砍掌。

9.仰掌與俯掌

在盤拳過程中，一種對掌形的較為籠統的稱呼。其手心向上，為仰掌；手心向下，為俯掌。其具體作用，視各種掌的不同用法而定。

三、腳法與腿法

太極拳之腿法，主要有分、擺、踢、蹬等幾種方法。而在練習定勢時，傳統要求除擺蓮腿以外，其他幾種腿法也均以蹬腳的形式出現。按吳圖南師爺所說：「練習時把蹬腳掌握好了，其他三種練起來就容易多了。」練習時應氣不上浮，靜而不亂，動作才能平穩。

太極拳之腳法隨步之起落轉換，有踏、踩、勾、掛等法。後面功法有專門說明，故不贅述。

1.提腿

一腿獨立微屈，另一腿提膝而起，盡量抬高，逐漸做到膝能貼胸。足尖或繃之，或上勾，小腿與膝及足呈垂直狀，也有向內裏扣護襠者。又稱獨立腿。如金雞獨立等。

2.分腳

一腿獨立微屈，另一腿繃腳面提膝（隨著功夫的增長，漸漸抬膝貼於胸前），然後以足外緣為引導，以膝為軸，小腿向外分踢而出，足尖繃直，小腿初與股平，腰腿好的可達到足與肩平。

3.踢腳

一腿獨立微屈，另一腿繃腳面提膝（隨著功夫的增長，漸漸抬膝貼於胸前），然後以足尖引導，向外彈踢。足尖繃直，小腿初與股平，腰腿好的可達到足與肩平。

4.蹬腳

一腿獨立微屈，另一腿勾腳尖提膝（隨著功夫的增長，

漸漸抬膝貼於胸前），然後以足跟引導，向外蹬出。足尖上勾，小腿初與股平，腰腿好的可達到足與肩平。

5.擺蓮腿

在太極拳套路中只用右足踢此腿法。但在自己單練時，可做雙足左右互換練習。一腿獨立微屈，另一腿以足為引導擺腿外踢，足尖上翹，雙手或左右先後，或同時拍擊足面。

四、步法

太極拳的步法、步形與其他拳種相類似。但由於太極拳有練架、用架之別，其步距的大小寬窄也不盡相同。吳圖南師爺所講之練架步法，應就體度量，因人而異。另外，一般初學者要先求開展，幅度宜大，這樣有利於對腰腿基本功的訓練。隨著功夫漸深，則著重體會意、氣的運行，其幅度可以適當縮小。

1.平行步

兩足並列，足尖平行向前，兩腳外側與肩同寬。

2.弓箭步

前腿弓出，膝蓋不能超過足尖，膝之左右側與足之內外緣相對，重心落於前腳湧泉穴，後腿蹬直。前後腳之寬度要求有一橫腳的距離。前腳與後腳前後相距一步半。

3.虛步

後腿彎曲，身體下蹲，胯有折疊，收而勿揚，尾閭正對後腳跟，上身中正如端坐，重心在後腳湧泉穴。其前腳跟著地，足尖上翹，前腿舒鬆伸直，兩腳相距為弓箭步一半者，

為虛坐步。其前腿提膝，足尖點地，足跟抬起，兩腳相距較虛坐步略小者，為虛丁步。

4.馬步

又稱騎馬步。兩足平行分開，中間相距兩或三橫腳，身體端坐兩腳中間，兩膝約與腳尖垂直（不能超過足尖）。裹襠護臀，尾閭中正，重心落入兩腳湧泉。

5.交叉步

其狀始如弓箭步，又以前腳跟為軸，外擺 45°或 90°，後腿蹬直，前腳踩實（與其他拳種不同），也有向上跟半步者。

6.下仆步

兩足平行，左右分開，相距約三腳有餘，一腿下蹲坐於小腿之上（臀部盡量貼向足跟），另一腿仆地伸直，身體坐於後腿上，立身一定要中正安舒。

7.橫襠步

兩足平行，足距大約與馬步、弓下相同，然後一腿弓出，另一腿蹬直，身體重心落於弓腿一側。

8.連枝步

太極拳架中的連枝步有丁步連枝、併步連枝。其兩足下蹲，前腳在後腳足距前，兩腳呈 45°，同氣相連，為丁步連枝；其兩足併步下蹲，兩膝相抵，足尖外擺 45°，前腳為實，後足為虛，後腳尖抵於前腳內側偏後（即公孫穴附近）。仆地伸直，身體坐於後腿上。

第三章
楊少侯太極拳用架
動作圖解

第一節　太極拳用架方位解

　　太極拳之方位，一般分為四正四隅，即前、後、左、右、左前、左後、右前、右後。然而，筆者個人認為還應該加入上和下兩方。早在宋譜《心會論》中已將猴頭（頂）、腰脊、地心列為練拳練功三大主宰。後世拳家又將「虛領頂勁」和「氣落湧泉」作為訓練的兩大要素。我輩依照先賢之言細加體研，確有成效。因此，我們感覺到在探討太極拳方位問題時，加入上下兩方是十分必要的。

　　在此，我們為了方便大家，仍然利用八方線法（上下方位在圖中不容易表現），即假定練習者站在中央位置上，面南而立，其前方為南，後方為北，左方為東，右方為西，此乃四正。其左前方為東南，左後方為東北，右前方為西南，右後方為西北，此乃四隅。另外，其頂上則為上，其足下則為下。以後講述動作過程，均按照以上表示為準。

第二節　太極拳用架動作名稱

第　一　勢　太極勢	第二十二勢　上勢攬雀尾
第　二　勢　攬雀尾	第二十三勢　單鞭
第　三　勢　單鞭	第二十四勢　雲手
第　四　勢　提手上勢	第二十五勢　單鞭
第　五　勢　白鶴亮翅	第二十六勢　高探馬（右）
第　六　勢　摟膝拗步	第二十七勢　右分腳
第　七　勢　手揮琵琶	第二十八勢　高探馬（左）
第　八　勢　搬攔捶	第二十九勢　左分腳
第　九　勢　如封似閉	第　三十　勢　轉身蹬腳
第　十　勢　抱虎歸山	第三十一勢　進步栽捶
第十一勢　斜攬雀尾	第三十二勢　翻身撇身捶
第十二勢　肘底看捶	第三十三勢　二起腳
第十三勢　倒攆猴	第三十四勢　披身踢腳
第十四勢　斜飛勢	第三十五勢　轉身蹬腳
第十五勢　提手上勢	第三十六勢　搬攔捶
第十六勢　白鶴亮翅	第三十七勢　如封似閉
第十七勢　摟膝拗步	第三十八勢　抱虎歸山
第十八勢　海底針	第三十九勢　斜單鞭
第十九勢　山通背	第　四十　勢　野馬分鬃
第二十勢　撇身捶	第四十一勢　玉女穿梭
第二十一勢　退步搬攔捶	第四十二勢　上勢攬雀尾

第三節　太極拳用架動作圖解

第一勢　太極勢

圖 1

【釋義】：

陰陽未判，動靜未分，涵陰抱陽，符合太極之象，故冠太極之名也。

【動作說明】：

身體按照傳統練法面向正南而立，虛領頂勁，沉肩墜肘，立腰圓胯，裹襠護臀，氣沉丹田，鬆腿鬆膝，五趾鋪開，鬆落湧泉，面部正容，舌頂上腭，神凝於耳（圖1）。

第二勢　攬雀尾

【釋義】：

其勢一，如手攬雀尾，鬆緊適度，緊則尾毛脫落，鬆則奪尾而飛。故吳圖南先生講：「取其不即不離，隨快隨慢，亦知剛知柔之意。」「此勢在太極拳中應用最廣，全套重複

七八次，可知其重要。」其勢二，吳圖南先生云：「此勢為雀起尾，即雀之欲飛，必先起尾，然後始飛翔也。」其勢三，名為鳳凰勢，又名鳳凰三點頭。取鳳凰雙翅鼓蕩向前，隨啄隨進，三起三落之意。

【動作說明】：

（一）左腳向左前方跳出，隨之擰身右轉 90°，待足甫及落下時，身體已轉停當，面向正西，左腿下蹲，右腿虛丁立於左腳前；與此同時，左手自下而上抬至胸前，然後掌心向下採按，右手上提至胸前，掌心向下、向前戳點出，隨之立即旋掌向下採按，左手自下而內、而上再向前點出，如此連續左右手做立輪狀互換三次，最後左手掌心向下，五指向左，側掌橫按於右脇前；右手掌心向上，指尖向斜下點出，貼於左手手背，面向正西，目視右手。手之動作必須與步法、身法同時完成。因其用法是以穿點為主，故又名「叉子手」（圖2、圖2正面）。

（二）右腳向右方急進一步，左腳向前緊跟一步，隨之右腳再向前提叉一步，腳尖點地，虛丁立於左腳前，呈雙腿下蹲狀。雙手自下而上，掌心朝外、向前拋擊（圖3）；然後雙肘下垂，以腕為軸，雙掌自前而後、而內、而下、而前，含沾捋勁轉一立圓，掌心朝下，五指朝前，沉肩墜肘含提拿勁，置於胸前（圖4）。

（三）右腳向前疾跨一步，足尖微微裡扣，左腳亦隨之上跟一步，足尖抵於右腳，跖部點地，足跟抬起，雙腿下蹲，膝脛相貼，此為「用架」中所特有的「連枝步」。同時，雙手以指尖為前導，向前點、擊、推、按，鼓蕩而出。

圖2

圖2正面

圖3

圖4

圖 5   圖 5 正面

然後左腳落實，右腳跟抬起，足尖點地，雙腿下蹲成丁步，雙手也做沾黏勁，收提回胸前。右腳復向上疾進，左腳復跟成連枝步，雙手亦如前法鼓蕩而出。如此反覆三次，最後蹲身做連枝步。雙手按出，面向右方，目光直視前方（圖 5、圖 5 正面）。

【注意要點】：

吳圖南師爺說：「此勢太極拳中應用最廣，全套重複七八次，可知道其重要……身體隨手之動，前後左右無不兼顧，手法前後互換，剛柔相濟，輕靈活潑。然後左右手向右方輕輕點出，目注右方。其用手也分點（指尖）、擊（指中）、推（前掌）、按（掌根）四法。破之以砍（一砍破四法），統攝三命（肩、肘、腕）。此勢以戳點方法居多，反正手隨便應用，有似叉子（匕首），故少侯先生名之以『叉

子手』。」

【應用說明】：

1.**叉子手**　對方用拳擊我胸，我則以右掌向下叼採（右掌心朝上迎截敵拳，甫及截住，復立刻旋右腕向下叼採之），同時出左掌，用其指尖戳點敵喉，或用左掌攔敵肘，疾翻右掌，用指尖戳點敵喉。隨敵變化，左右互換。捋手時身向後略移，戳點時右腳踏敵中門，足尖微向裡扣。

2.**鵲起尾**　接上勢，敵欲捋我戳點手，我則順勢上拋，敵向下採，我旋腕隨捯隨沾，將敵提拿而起。疾上步踏其中門（足尖微向裡扣），落掌按擊敵胸，令敵仰跌。

3.**鳳凰三點頭**　接上勢，我擊敵胸，敵雙手拿我雙手隨後退化解，我則用鼓盪之法緊隨之，待敵方寸一亂，我則撒手發之。上步注意前腳踏敵中門，足尖微向裡扣，有勾敵踝之意。

【變法】：

（一）

1.**叉子手**　叉子手又名連三捶，即敵擊我胸，我以一手下掛敵手，另一手擊其膻中穴。敵自上摟攔我手，我則隨勢含掤勁向側後方捋之，另一手復擊敵胸。練習時左右互換，上掛與叼捋結合，點用透勁，捶用崩勁。所擊部位有上擊喉頭、中擊膻中、下擊關元三種變化。

2.**鵲起尾**　我擊敵胸，敵用摟手截我，我乘勢用掌噎擊敵腹，敵下按我手，我則上托而拋之。

（二）我用叉子手擊敵喉，敵扣掛我手，我旋腕轉掌以捯之，敵勁落空，重心懸起，我則順勢用按掌而發之。

【注意要點】：

身法隨手法變換，出掌就要占住中線，手離肩尺許，兩肘護肋但勿夾緊，氣要鼓蕩，勢要騰挪，身法靈活，步法連枝與弓步互換。要做到「前腳踏中不落空，後腳緊緊跟前蹤，手腰身步齊進退，意氣勁神共變通，敵不倒兮手不停，點擊推按使分明」。

第三勢　單　鞭

【釋義】：

吳圖南師爺說：「此勢應用中亦廣，故重複十次左右。窺其名之義，別雙鞭而言之也。應用之時，無論用腕用手，均以單手擊敵，狀如單手持鞭，故謂之也。」

【動作說明】：

（一）左腳落實，右腳向前上一步，後腿下蹬，前腿弓出，成右弓步。隨之右手旋腕上翻，掌心向上，五指朝前，向前躍出。左手扶於右手腕部，以助其勢（圖6）。

（二）右弓步不變，右足裡扣90°，右膝外擠。同時右手以小指為先導，向後下方回掛，然後立即收捏五指，向內、向下旋腕下勾，左手扶於右腕（圖7）。

（三）弓步不變，右腳以跟為軸，外擺90°，返回原位。右腕微轉上提，用躍勁（註：躍勁，指以勢接迎對方來勁，並彈抖而出。下同）抖之，左手立掌置右鈎之下，以助其勢（圖8）。

（四）弓步不變，右腳仍回扣90°，膝向裡合。右手翻

圖6　　　　　　　　　圖7

圖8　　　　　　　　　圖9

腕，隨之拇指外挑，復向下彈；其餘四指收攏虛握，左手按
於右腕助之（圖9）。

圖 10

圖 11

　　（五）轉身後看，手腳位置不變（圖10）。然後身體後轉180°下蹲，左膝弓出，腳尖朝前，右胯裡合，右膝下彎，成半弓半馬步。右手鈎拳不變，左手隨身體轉動立掌，自上而下、而前用踏勁（有寫作塌勁者）劈出，眼隨左手而轉，面向正東，目平視（圖11）。

　　【注意要點】：

　　吳圖南師爺說：「此勢用鈎、用掌均須迅速敏捷，輕靈冷脆，用彈抖勁，更要左右閃展，瞻前顧後方能成功。」又說：「此勢練法有馬步、弓步二法，學者隨便用之，無所不可。」

　　【應用說明】：

　　敵用右拳擊我胸，我以右手鈎掛之，同時用左手採按敵肘。敵身前傾，我抬鈎手抖擊敵頜下。敵側頭閃之，我用拇

指彈擊敵喉。腳踏其中門，足尖裡扣鈎攔敵足，腳下並結合鈎足踩腳之變化。

敵自我後方來襲，我蹲身以避，同時用左手砍擊敵之手三里。蹲身時要注意閃開敵拳，砍擊時要用半弓半馬步，宜發斬鋼截鐵之勁。

【變法】：

（一）我伸右手虛擊敵面，敵出右手自下向上擋架，我順勢先鈎敵臂，使之前傾，我復用拳迎擊敵胸。

（二）我出右掌虛晃敵面，敵向上□架，我隨其掤勢旋腕轉回右手，同時用右掌攔開敵臂，上步進身，用右鈎手彈擊敵頦下（在推手中吳圖南師爺常用此法，但上步進身則改用掌按發敵胸）。

（三）敵握我右腕，我自下而外、而上、而下旋鈎右腕，反截拿敵腕，同時出右掌砍擊敵之右肋。

【應用要點】：

鈎掛抖彈是太極拳用架中拳、腕結合的用法，可結合聯用，也可以單用。單鞭是操練鈎、掛、抖、彈勁路的重要拳勢，因此要勤練之。其動作先大後小，漸漸自能變招成勁。其左掌之砍截法，可破解點、擊、推、按之法，故有「一砍破四手」之說。砍時要用斬鋼截鐵之意，以截斷敵之筋脈。

第四勢　提手上勢

【釋義】：

吳圖南師爺云：「其命名之義，手向上提，身向前進，

圖 12　　　　　　　　　　圖 12 正面

有如頂物之舉用腕前獻，故亦有進步上提手之稱。」

【動作說明】：

先扣左腳，身向右轉，面向正南。右腳上前一步，左腳向前並做連枝步。右腳落實，左腳置於右腳腳窩部，足跟抬起，足尖點地，雙膝下蹲。右手做鈎，略向下掛，然後上提抖出與額平，左手立掌於其下。身隱腕後。同時，右腳左扣，目光左顧，緊隨頭身左轉至正東方，面向東方。雙手鈎、掌不變，置於左額。對此吳圖南師爺曾講「要做到猿頸鶴顧」（圖 12、圖 12 正面）。

【注意要點】：

吳圖南師爺說：「此勢練法，立掌滾腕先內旋以空，進步迅速上提，輕快伶俐，用噎勁抖之。連枝步蹲身前進，方為適宜，故有懸腕獻桃之稱。」

【應用說明】：

敵以右拳擊我，我用右手向下鉤掛，同時出左手按住敵之右肘。敵欲撤，我上步踏其中門，並用鉤手擊其頦下。

【變法】：

（一）敵用右拳擊我，我跳步閃戰以避之，同時向右鉤掛，用左手封其右肘，復起右手擊敵耳門穴。

（二）敵重拳擊我，我用鉤掛之法加以沾蕩並撤步以空敵勢，我要不即不離離空氣勢，敵必前仆。

【應用要點】：

鉤掛時用小指引導，結合旋腕，要掛緊擊其下頦，用噎勁彈抖，要打喉頭透枕骨。

【變法】：

（一）跳步走邊，氣勢要騰挪，步法要靈活閃戰，掛擊要合一。

（二）掛提要用沾黏鼓蕩勁，氣要用大離空與敵相接，身法步法一定要合一。

第五勢　白鶴亮翅

【釋義】：

吳圖南師爺說：「兩臂高舉，左右兩分，有如白鶴亮翅之狀，是以名之。」

【動作說明】：

（一）腳步不變，左胯回收，雙腿下蹲，重心仍在右腿。上身左轉90°，同時左手向右方下捋採，置於左膝外

圖13

圖13 反面

側，右手隨之亦捋採至左膝旁，雙手掌心向下，中指相對，目視雙掌（圖13、圖13反面）。

　　（二）雙腳位置不變，豎腰立頂，身體漸漸上升，重心仍在右腿上，為虛丁步。左手隨撥隨提（為撥浪鼓勁），掌心向下，五指朝前，置於左胯旁；右手鼓蕩上掤，掌心向裡，五指朝前，置於左額上方。面向正東，目平視（圖14、圖14正面）。

　　【注意要點】：

　　吳圖南師爺說：「此勢練法，立掌滾腕先內旋以空，進步迅速上提，以輕快伶俐，用噎勁抖之。連枝步蹲身前進，方為適宜，故有懸腕獻桃之稱。」

　　【應用說明】：

　　敵用右拳擊我，我用右手接之，先蕩後捋，隨撥隨提，

圖14

圖14 正面

同時用左手擊其右肋期門穴。

【變法】：

敵抱我腰，我收胯換腰，用左肘擊其左肋，敵向右閃，我乘勢揚右肘擊其頭。

【應用要點】：

收胯換腰要有顧盼之意，右手上掤結合蕩捋，擊要輕脆。練習時左手要用撥浪鼓勁。

第六勢　摟膝拗步

【釋義】：

雙手一手擊敵，一手摟膝，摟膝手與進步弓腿有相拗之謂。

圖 15

圖 16

【動作說明】：

（一）腳步不變，身向下蹲；左手自下而上、而內、而下摟按至襠前，右手自上而下、而後、而上在右肩外側輪轉一周，掌心向裡，五指朝前，至右耳邊，目視左手（圖15）。

（二）左腳上一步弓出，右腿下蹬，成弓箭步。左手外摟按，至膝外側；右掌向前旋掌擊按，五指向上，掌心向前，目視前方（圖16、圖16正面）。

（三）右手迅速回摟，左手亦然，如此反覆三次。與此同時，右腳向上、向前凌空跳起，左腿隨之（圖17）。右腳落地下蹲，左腳前插，成虛丁步。落地同時，右手提起置於右耳旁，掌心朝裡，五指向前。左掌自面前下摟，採按於襠前（圖18）。

圖 16 正面

圖 17

圖 18

圖 19

（四）左腿提膝上步弓出，右腿下蹬，成左弓步。左掌外摟至膝外側，右掌一邊旋轉，一邊推按而出（圖19）。

【注意要點】：

吳圖南師爺說：「提膝要低，推掌要短，意味要長，凌空騰越，要輕靈穩固，必須做到動作分明，快速敏捷，不使有絲毫遲滯。上手在空中做摟膝動作時，要上下呼應，方顯身手。」

【應用說明】：

敵右拳擊我，我用左手摟截敵腕，同時出左腳鈎敵之右踝，用左膝抵其足三里擠之，以右掌用炸勁擊敵胸部。

敵撤身閃過，用掃屈腿擊我下路，我凌空躍起躲過，並左右互摟以防敵變，甫及落地仍用右掌擊敵背部。

敵撤身後逃，我以凌空跳躍步追之，並用右掌擊敵胸。

【應用要點】：

摟截要含下採之勁，凌空跳躍步有高遠之分，且要穩固輕靈。右掌出掌要含螺旋勁，推掌要短，意要長。左手配合要有撥浪鼓勁，全身要含冷彈勁。

第七勢　手揮琵琶

【釋義】：

雙手在胸前合抱，掌心相對鼓蕩，如抱琵琶揮舞然。

【動作說明】：

（一）撤右腳（半步），跟左腳，右腿下蹲，左腳前插，成虛丁步。雙手呈立掌回抱於胸前，掌心相對，左掌在前，拇指遙對於鼻尖，右掌在後，拇指遙對於喉頭，雙掌之間有一拳之隔，立掌時肘肩下沉，意、勁在雙掌外緣（圖

圖 20

圖 21

20）。

　　（二）雙手向左上方沾蕩而起，左手掌心向下，以沾黏鼓蕩為主，右手掌心向內、向上，略含鈎掛之勁。左腳向左上方躍進一步，右腳跟之，併步下蹲成連枝步。在腳動同時，雙手接上勢不停，繼續向右蕩回，微向下採，在胸前畫一平圓向前搓出，目視前方，神光外吐，勁、氣隨之（圖21）。

　　【注意要點】：

　　吳圖南師爺云：「此勢鼓蕩活潑，有獨到之處，勢雖簡單，頗難摹仿，學者須苦心鑽研，方能得其神髓。」

　　【應用說明】：

　　敵用右拳擊我，我出右手捉拿敵腕，旋腕擰之，同時用左手反截敵肘，令其前跌。敵欲回撤，我順其力而蕩之，敵

欲鬆懈我勁，我跟步擊之。

【應用要點】：

雙手自後方鼓蕩，然後稍向下採，再作鼓蕩。跟步發掌時用凌空勁。注意上下相隨、蕩擊合一。

圖22

第八勢　搬攔捶

【釋義】：

雙手纏攔敵手，搬移敵肱，附加一捶扣打，故而名之。

【動作說明】：

（一）右腳後撤半步，屈膝下蹲；左腳跟之，虛丁於右腳前。同時雙手鼓蕩而出，左手向斜下方捋至右脇處，掌心朝右，五指朝上；右手撫於左手脈門，以助其勢（圖22）。

（二）左腳向左前方躍出半步，右腳跟於左腳之後，成連枝步。左手自右而前、而左畫半圓，平捯而出，掌心朝前，五指朝上；右手推之以助其勁（圖23）。

（三）雙腳連枝步不變，右掌收攏，五指握拳，旋腕向左外搬，拳眼朝左，成平拳，左手掌心向右，五指向上，成立掌，右拳貼於左腕（圖24）。

（四）右腿後撤一步，左腿隨之，點於右腳前，雙腳下

圖 23

圖 24

圖 25

圖 25 正面

蹲成虛丁步。同時右拳扣腕以小指為引導，而內、而後、而下回掛；左掌向右回按，成立掌護住中線（圖 25、圖 25 正

面）。

（五）左腳向前進一步落
實下蹲，右腳跟步落於左腳
旁，成連枝步。右拳直拳循左
掌用鎮勁向斜下方扣打，拳面
向前，拳眼朝下，左掌立掌撫
於肘內側，以護其肘（圖
26）。

圖 26

【注意要點】：

吳圖南師爺說：「此勢練
法，雙手鼓蕩而進，右手用纏
裹勁攔掛敵手，左手用截勁搬
敵右肱，乘勢進步用悶勁以捶扣打。如敵臂上挑，沉後再
打。周身務須蕩勁活潑，抽撤玲瓏，搬攔靈巧，扣打冷暫，
方顯其妙。少侯先生創烏龍戲水，以破此勢妙極。」

【應用說明】：

敵拳擊我，我微撤身以化來勢，並用左手向左搬移敵之
右臂。既而上步用左腳鉤攔敵踝，同時用擠靠勁發之。

敵以拳擊我，我右手用纏裹勁攔掛敵手，同時左手用截
勁，截按敵肘，乘勢進步用悶勁以捶扣打其胸。

【應用要點】：

進退身法須靈活，化勁要用蕩勁，扣打要用鎮勁。吳圖
南師爺說：「周身須蕩勁活潑，抽撤玲瓏，搬攔靈巧，扣打
冷暫，方顯其妙。」

圖 27

圖 27 正面

第九勢　如封似閉

【釋義】：

雙手回護之勢，手護其上，肘護其下，如同門之封閉一般。吳圖南師爺說：「為封閉敵人之意，且寓有自衛而避敵，乘勢而擊敵，非避而不擊也。」

【動作說明】：

（一）雙腿不變，左手沿右臂內側從右腋下穿抱於右臂外緣，隨之右臂屈肘回收，右拳變掌，雙掌在胸前交錯，然後雙肘含合勁下墜，而雙掌回掛外分，掌心向裡，五指朝上（圖 27、圖 27 正面）。

（二）雙掌旋腕，掌心朝前，坐腕用踏勁下按，置於腹

圖28

圖28 正面

前，推掌要短。餘勢不變。

【注意要點】：

吳圖南師爺說：「此勢練法，抽撤迅速，封閉要緊，發勁要鬆靜安舒，支撐八面。」（圖28、圖28正面）。

【應用說明】：

敵握我之右腕，我鬆勁自下向上轉腕擰提之，敵關節被反，且重心被我牽動，我同時用左腕磕截敵腕，敵鬆手欲脫，我則跟步以雙掌砍擊敵兩側鎖骨。或雙手自上而下按擊敵胸，令彼仰跌。

【應用要點】：

轉腕應先設軸，鬆勁向上擰提。磕截敵腕要兩手配合：進步砍掌為斷解之法，要用斬鋼截鐵之勁。下按用掌根發按勁，令彼仰跌。

圖 29

第十勢　抱虎歸山

【釋義】：

敵勢來如猛虎歸山，我順勢抱持而擊之，正如抱虎入山一般。

【動作說明】：

（一）隨之身體右轉 45°，面向東南；右腿後撤一步，腳尖外擺 45°，左腳隨之，虛丁於右腳前，雙腿下蹲，呈虛丁步。左手下採，置於襠前；右手含沾蕩勁上掤，掌心朝裡，五指朝前，置於右額上方（圖 29）。

（二）左腳向左前方躍出一步，落地同時扣腳向後轉，自右向後，轉身 180°，右腳落地時虛丁於左腳前，雙腿下

圖 30

圖 31

蹲呈虛丁步；同時右手下採而按，至襠前，左手含掤托勁兜起，提至左耳側。面向西北，目視右手（圖 30）。

（三）右腳向前邁出半步而弓膝，左腿下蹬，呈右弓步；右手接上動，採順並用而撥之，左手向西北方擊出，雙手均用抖勁，務須配合得當（圖 31）。

【注意要點】：

吳圖南師爺說：「此勢練法，雙手下採帶沾，因敵之變化，用左手掩肘外纏，摟開敵右手，用右手作擊狀，待敵來襲，右手採順並用，反向用手撥之，用『抖勁』。惟須變化得機得勢，聽勁要準，變化虛實。順力採沾撥發，敵雖力如猛虎，我亦能抱持而歸也。發時仍用彈抖冷脆勁，撒腿換腰翻身，務宜玲瓏活潑，內外相隨，完整一氣。應用十字訣：準、是、穩、脆、真、恰、巧、改、變、整。推手要遠，手

不離身八寸，防有失足。步
法要輕靈穩固，要搶位。」

【應用說明】：

敵用右手擊我，我以左
手向下摟而採之，同時進左
步管住敵右腳，右手自下而
後、而上作插掌插向敵面。
敵身向前傾，其左手摟攔我
右掌，我隨其來勢疾速向右
後轉身，且向下採挒之，左
手也從其腦後向前下方搓
之，使敵前仆。

圖32

【變法】：

敵我相峙，我用右手前插，神氣逼視敵目，敵向我雙手
按來，我則取離空敵勁令敵前失。

【應用要點】：

練習用法時要注意，拳勢動作要協調，發勁要整、要輕
脆。前為翻車手，後為腦後風。練習變法時，要注意用氣的
敷蓋對吞，遙遙與敵之氣相接，即用吳圖南師爺所說的「遠
距離感覺」。

第十一勢　斜攬雀尾

【釋義與動作說明等】：均與攬雀尾相同。惟其動作面
向西北，故以「斜」字別之（圖32）。

圖 33　　　　　　　　　　圖 34

第十二勢　肘底看捶

【釋義】：

吳圖南師爺說：「亦名肘下捶，有肘下以捶看守之意。」

【動作說明】：

（一）身體回轉 180°，進左步（圖 33），復進右步，弓右膝，蹬左腿，呈右弓步，面向正東；進步的同時左手下截，向斜下方捋採，右手立掌劈出，再旋掌變按（圖 34）。

（二）左腳勾腳提膝，右腿直立；提頂懸腰，面向東方，呈獨立勢；同時左手懸肘撐腕，含提拿之勢，然後進

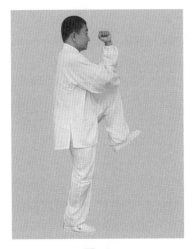

圖 35

圖 35 正面

肘，右手握拳含採挒勁向左下
方擰轉，左拳拳面向上，拳輪
朝前，置右拳上；右拳拳面向
右，拳眼向上，置左肘下、左
膝上（圖 35、圖 35 正面）。
而後左膝下落，雙腿下坐呈虛
丁步，餘勢不變（圖 36）。

【注意要點】：

　　吳圖南師爺說：「此勢撒
手擰轉，敏捷輕鬆，閃展大
方，挽手握拳上撥挑，宜冷宜
脆，有擰提撥挽等勁存乎其
間，學者細心體會。」

圖 36

【應用說明】：

敵以右手擊我胸，我起左手挽扣敵腕，自左而裡、而上挽提之。敵為我提起，右脇露空，我立即用右拳擊之。

【變法】：

敵用右手擊我，我以左拳撥挽下捋，同時自下而上出右拳挑打對方下頦。

【應用要點】：

雙手輾轉擰轉，要有擰提撥挽等勁。右手出拳挑打要冷脆。左手擰握敵拳，要順其勢、順其勁，使其向上提關節反背，從而失去重心，為我所制。

第十三勢　倒攆猴

【釋義】：

動作之靈活，後躍之疾迅，以退為進，如猴向前撲人，人則邊退邊擊其頭。

【動作說明】：

（一）左腿提膝向後縱跳一步，右腿跟之，丁於左腳前；左拳向前摔砸後變掌，隨勢自下而後、而上，掌心向內，五指朝前，置左耳側，右手變掌向下沾採，掌心向下，五指朝前，按置於襠前（圖37）。

（二）右腳疾搓半步，向前弓出，右腿伸直呈弓步。右手自膝下向外摟採，掌心向下，五指向前，至膝外側；左手旋腕，含炸勁擊出，掌心朝前，五指朝上。面向正東，目平視（圖38）。

圖 37

圖 38

圖 39

（三）右腿向後躍出一步（圖 39），左腳提膝跟之，
丁於右腳前。左手掌心向下，五指朝前，提至右肩，順右臂

圖 40

向下採按至襠前；右手自下而後、而上，掄一立圓，掌心向內，五指朝前，提至右耳側。面向正東，目視左手（圖40）。

（四）左腳向前疾搓半步，向前弓出，左腿伸直呈弓步。左手自膝下向外採撥，掌心向下，五指向前，至膝外側；右手旋腕含炸勁擊出，五指朝上，掌心朝前。面向正東，目平視（圖41、圖41斜側面）。

（五）左腿提膝向後躍出一步（圖42），右腳提膝跟之，丁於左腳前。右手掌心向下，五指朝前，提至左肩，順左臂向下採按至襠前；左手自下而後、而上、而前，掄一立圓，掌心向內，五指朝前，提至左耳側。面向正東，目視左手（圖43）。

（六）右腳向前疾搓半步，向前弓出，左腿伸直呈弓

圖 41

圖 41 斜側面

圖 42

圖 43

步。右手自膝下向外採撥至膝外側，掌心向下，五指向前；
左手旋腕含炸勁擊出，五指朝上，掌心朝前。面向正東，目

平視（圖44）。

【注意要點】：

吳圖南師爺說：「此勢以進退靈敏為主，探掌空打用炸勁，而含抖搓勁，方顯活潑。」有順步、拗步兩種。

【應用說明】：

敵用右腳踢我襠部，我左足後躍，並用右手拍按其足，而後立即右腳前跳，同時用左手拍按其胸。有左右之分。

圖44

【變法】：

敵擊我胸部，我順其勁而捋之，敵欲退我就勢而發之。

【應用要點】：

此為以退為進之法，進退必須快捷靈敏。吳圖南師爺說：「此勢以進退靈敏為主，探掌空打用炸勁，而含抖搓勁，方顯活潑。」

第十四勢　斜飛勢

【釋義】：

狀如鷹擊長空，展翅斜

圖45

飛。

【動作說明】：

（一）身體向右轉 90°，轉胯換腰，重心微微後移，前三後七。左手迅速俯掌，鼓盪沾捋，隨即轉肘翻掌，掌心向外，五指向下，並向下斜捋。同時，腰向右轉，左肩向前做陽靠；右手自下而上與左掌相錯，掌心向內，五指向上，至左肩前護住上盤。雙腳併步下蹲，目視左手（圖45）。

（二）左手自下而左上，掌心向上，五指向斜上方伸出，右手自上而右下，掌心向下，五指向斜下方按出；雙手分開，雙臂展直，底手與上手成為一線，左背走靠勁。左腳跨出一步，與右腳平行，隨之身體左轉，靠出時重心移至左腿，胯與膝平，右腿蹬直，身體向左側斜靠而出，右腿、身體與左臂成為一條斜線。吳圖南師爺要求此勢要走低，方顯功底（圖46）。

圖46

（三）收右腳，復向右前方旁開一步並弓出，左腿蹬直，呈弓步。身體轉向右前方45°處。雙手胸前交叉，右手自下而左、而右上領右肩靠出，左手自左上而右、而左下，至左胯旁下按，助右手領肩發靠勁。面向西南，目視右手（圖47）。

圖47

【注意要點】：

吳圖南師爺說：「此勢挽手冷脆，進步用肩靠對方足三里，故有七寸靠之稱。為當年楊班侯之拿手傑作。」其動作進身、長腰、左手翻掌、右手下撐以及用左肩靠打要一氣呵成。後面陽靠亦然。

【應用說明】：

（一）敵用右拳擊我，我以左手向右捋之，同時身向左側，並雙腿下蹲，以卸彼力。復急進左腳扣住彼之後腳，擦地而進，用肩靠住彼之足三里，同時長腰、翻左掌、撐右手一氣呵成，令彼仰身跌出。

（二）敵用左拳擊我，我用右手截之，隨轉腕向左側捋之捌之，敵前失欲退，我進右腳插入敵襠中，同時翻回右掌，用右肩頭靠擠對方，令敵仰跌。

【應用要點】：

吳圖南師爺說：「挽手要冷脆，用肩靠對方足三里，所以叫七寸靠，是當年楊班侯常用之法。」其一為陰靠，主要用背；其二為陽靠，主要用肩。

第十五勢　提手上勢

【釋義】：

同前。

【動作說明】：

右腳裡扣 45°，身體左轉，面向正東，左腳收回至右腳前，呈虛丁步；右手由仰掌變勾，旋腕上提至右額上方，左掌立掌於勾下以助其勢。

【餘勢及注意要點、應用說明等】：均同第四勢。

第十六勢　白鶴亮翅

【釋義、動作說明、注意要點、應用說明等】：均同第五勢。

第十七勢　摟膝拗步

【釋義、動作說明、注意要點、應用說明等】：均同第六勢。

第十八勢　海底針

圖48

【釋義】：

此勢用手由上而下點刺，有如海底珍寶伸手取之，有如探囊取物一般。

【動作說明】：

（一）右腿下蹲，左腿回收，左腳虛丁於右腳前。左手不變，掌心向下，五指朝前，按於左膝外側。右手旋腕，以食指引導五指向下鎖拿，掌心向裡，五指向下，變為垂掌，然後扣腕復屈肘收於胸前，手與喉齊（圖48）。

（二）雙腿下蹲，身體隨之，然必須保持中正直立。雙手上下交錯，右手自胸前向前走弧線下插至左足內側，左手自膝旁掌心向裡，五指朝上，立掌上穿至胸前，拇指與喉齊（圖49、圖49正面）。

【注意要點】：

吳圖南師爺說：「此勢務須抽撤迅速，穿插敏捷輕快，鼓蕩作勢，乘機插入對方襠中，在不知不覺中方顯妙用。」

【應用說明】：

彼用右手握我右腕，我立即翻轉右手，用小魚際部向下反截其腕陽關穴，同時身體下蹲，迫使對方前跌，而我則用左指點擊其喉。

圖49　　　　　　　　圖49 正面

【應用要點】：

此法應用分上下插點，上手點其喉而下手插其陰。在應用時吳圖南師爺曾講：「此勢務須抽撤迅速，穿插敏捷輕快，鼓蕩作勢，乘機插入對方襠中，在不知不覺中方顯妙用。」

第十九勢　山通背

【釋義】：

此勢向前撞提，雖有山阻，亦能直通其背，是以名之。

【動作說明】：

（一）左腳向前邁一步弓出，右腿蹬直，呈弓步；隨著身體上升，右掌五指併攏，掌心向內，向前撩出，高與肩

圖50

圖51

平，左掌扶於右腕內側，以助其勢，目視右掌（圖50）。

（二）身體下坐，同時右轉 90°，雙腳裡扣變成馬步；右手旋腕上翻，掌心朝上，向後将之；左手隨之掌心向外，五指向上，向左上方擊出，目視左掌（圖51）。

【注意要點】：

吳圖南師爺說：「此勢務須完整一氣，輕脆撥挑，得機得勢，方不至誤學者。」左腳向前邁步要平進，身體切忌起伏。

【應用說明】：

接上式。我穿敵喉，敵抽身後撤，我疾上左步，右手變拳插入對方襠中自下而上撞擊其尾閭。敵欲上跳，以卸我勁，我順勢右手握其胸，左手握其腹，自前而上、而後、而下舉而送之。

【變法】：

敵用右拳擊我頭，我側身下蹲，用右手向上掤架，更以左手擊其肋。

【應用要點】：

右手撞、提、撥、挑，隨機而用。雙手上舉，隨勢而行，必須完整一氣，清脆快捷，切勿牽強。

第二十勢　撇身捶

【釋義】：

此勢預防後方襲擊，將身體空過背襲，乘勢以捶擊之之謂也。

【動作說明】：

（一）右掌自上而右而下採捋之，至右胯側，然後收攏五指，握拳向左脅下攬拿（注意坐肘）；左掌收攏五指走弧線至右脅下，雙拳拳眼朝外，拳心朝下；右上左下，雙臂回抱於胸前。同時雙腳平行，身體重心左移，左腿弓出，右腿蹬直，成橫襠步；頭向右轉，目視右方（圖52）。

圖52

（二）收右腿，向右上方旁開一步，向前弓出，左腿下

圖53　　　　　　　　　　圖54

蹬，成左弓步；同時右手以肘為軸，甩前臂向前平拳砸出，拳眼向右，拳背朝下，置於胸前；左拳張開變立掌，掌心向裡，五指向上，沿右前臂向前劈出，至右拳前一立拳處。面向正西，目平視（圖53）。

【注意要點】：

吳圖南師爺說：「此勢撤身、偷腰、噎摺窩務須一氣呵成，即將對方卸空，乘勢回身用右捶平擊對方右臂之三叉股（尺骨、撓骨之交叉點），左手立掌垂肘以護之。以輕靈活潑閃展迅速為主，撤身捶用撥、砸、捎、打勁，彈抖冷脆，方為得法。」左手纏右手立掌而出，直取對方面部。

【應用說明】：

敵從後方擊我，我身向右側撤閃，同時用右手攬拿敵腕，並進肘撞擊敵胸。敵抽身後撤，我則翻身用捶砸擊敵

面。敵收手向上攔架，我則用左掌砍擊敵肋。

【應用要點】：

此勢撇身、收摺窩務須一氣呵成，將對方勁力卸空，乘勢回擊，練習以輕靈活潑閃展迅速為主，撇身捶用撥、撞、砸、打，勁宜彈抖冷脆，方能得機得勢。

第二十一勢　退步搬攔捶

【釋義】：

與前有先退後擊之不同。

【動作說明】：

右腿向後跳一步，右腳跟之停於右腳前，足尖點地，雙腿下蹲，呈虛丁步；右拳回扣，掛至右脅，左掌立於胸前（圖54）。

【其餘動作說明、注意要點以及應用說明等】：均與第八勢相同。

第二十二勢　上勢攬雀尾

【釋義】：

同前。

【動作說明】：

進左腳跟右腳，左腿下蹲，左腳虛丁立於右腳前。與此同時，左手自下而上抬至胸前，然後掌心向下採按，右手上提，自胸前掌心向下向前點出，隨即旋掌向下採按，左手自

內而上，再向前點出，如此連
續左右手做立輪狀互換三次，
最後左手掌心向下橫於右脇，
右手掌心向上，指尖向斜下，
貼於左手手背，然而手之動作
必須與步法、身法同時完成
（圖55）。

圖55

【其餘動作說明、注意要
點以及應用說明等】：均與第
二勢相同。

第二十三勢　單鞭

【釋義、動作說明、注意要點、應用說明等】：均與第
三式相同。

第二十四勢　雲手

【釋義】：
雙手動作，猶如雲之繚繞。
【動作說明】：
（一）右手掐拳變掌，以肘為軸，自右而下、而左、而
上、而右，畫一圓周。左手自左而下、而右畫一半圓，至右
肩後，再立掌自面前向左轉，至左肩處旋掌，向東北方推
出，掌心向前，五指向上，高與肩平。同時身體向左轉

圖 56　　　　　　　　　　圖 57

90°，重心移至左腳，左腿彎曲，以足跟為軸，足尖轉向東南方，右足隨轉。待重心移定後，提膝併於右距內側（公孫穴處），兩膝相併，成併步連枝。面向東北，目視左掌（圖56）。

　　（二）雙腿下蹲，高度不變，右腳以跟為軸，足尖外擺，左腳以尖為軸，足跟提起，隨之身體右轉至正西止；重心移至右腳後，左腳併於右腳內側，成連枝步；同時右手旋腕立掌，掌心向裡，以肘為軸，隨身體轉動向右捯之，身體轉至西南，再旋腕轉掌，向正西推出；左手隨之下捋，攔護襠前，然後上提，撫於右手脈門。目隨右手轉視（圖57）。

　　（三）右掌掌心向下，以肘為軸自右而下、而左、而上、而右，下捋後，復向上掛捯，畫一圓周；左手自左而下、而右捋一半圓，至右肩後，再立掌自面前向左捯轉，於

圖 58

圖 59

左肩處旋掌向東北方推出，掌與肩平。同時身體向左轉動180°，重心移至左腳，左腿彎曲，以足跟為軸，足尖轉向東南方，右足隨轉，待重心移定後，提膝併於右跗內側（公孫穴處），兩膝相併，成併步連枝。目視左掌（圖58）。

（四）雙腿下蹲，高度不變，右腳以跟為軸，足尖外擺，左腳以尖為軸，足跟提起，隨之身體右轉至正西止；重心移至右腳後，左腳併於右腳內側，成連枝步；同時右手旋腕立掌，掌心向裡，以肘為軸，隨身體轉動向右捯之，身體轉至西南，再旋腕轉掌向正西推出；左手隨之下捋，攔護襠前，然後上提，撫於右手脈門。目隨右手轉視（圖59）。

（五）右手掌心向下，以肘為軸，自右而下、而左、而上、而右，畫一圓周，左手自左而下、而右畫一半圓，至右肩後再立掌自面前向左轉，在左肩處旋掌向東北方推出，掌

圖 60　　　　　　　　　　圖 61

與肩平。同時身體重心移至左腳，左腿彎曲，以足跟為軸，足尖轉向東南方，右足隨轉，待重心移定後，提膝併於右距內側（公孫穴處），兩膝相併，成併步連枝。目視左掌（圖60）。

　　（六）雙腿下蹲，高度不變，右腳以跟為軸，足尖外擺，左腳以尖為軸，足跟提起，隨之身體右轉至正西止；重心移至右腳後，左腳併於右腳內側，成連枝步；同時右手旋腕立掌，掌心向裡，以肘為軸，隨身體轉動，向右捯之，身體轉至西南，再旋腕轉掌向正西推出；左手隨之下捋，攔護襠前，然後上提，撫於右手脈門。目隨右手轉視（圖61）。

　　【注意要點】：

　　吳圖南師爺說：「此勢聯繫，務求左右旋轉，上下相

隨，輕穩敏捷，動盪活潑，雙手裡翻纏引，以短暫果斷為主，不可絲毫遲滯。」

【應用說明】：

敵用右拳擊我頭，我步左移，並用右手翻掌雲之（自下而裡、而外，翻纏敵臂，且向外捌引之），敵失重，我就勢拋之。敵左手擊我頭部，我步右移，並用左手翻掌雲之（自下而裡、而外，翻纏敵臂，且向外捌引之），敵失重，我就勢拋之。

【變法】：

敵上步用右拳擊我面部，我身略右閃，同時疾出左手叼住敵腕，右手穿於敵之腋下，自左而右，撅截敵之右臂，敵鬆臂欲用左手擊我，我復進右腳踏中門，扣住敵腳，我翻纏捌挑，右掌拍敵之左肩以卸其臂。

【應用要點】：

吳圖南師爺說：「此勢聯繫，務求左右旋轉上下相隨，輕穩敏捷，動盪活潑，雙手裡翻纏引，以短暫果斷為主，不可絲毫遲滯。」其變法為截骨之法，雙手要有叼纏挑捌翻諸勁，手法要連續冷脆，不可遲滯。

第二十五勢　單鞭

【釋義、動作說明、注意要點、應用說明等】：均與第三勢相同。

圖 62　　　　　　　圖 62 斜側面

第二十六勢　高探馬（右）

【釋義】：

此勢身向前探，有如攀登乘馬之狀，是以名之。

【動作說明】：

（一）右腳以足跟為軸，足尖裡扣 45°，重心右移，身體左轉，雙腿下蹲，左腳收至右腳前，足尖點地，成虛丁步。同時右手屈肘收前臂，經右肩、胸前、左肩、最後循左臂內緣向前俯掌切出，掌心朝下，五指向側，掌外緣向前，中指約與鼻齊；左手旋腕變仰掌，撤肘屈前臂向斜下方回收，仰掌掌心向上，五指向右前，置胸前於右掌下方。雙掌隔一拳距離，雙臂掤圓面向正東（圖 62、圖 62 斜側面）。

圖63　　　　　　　　圖63 斜側面

（二）右掌向左下方下按，然後鼓蕩回沾，左掌隨之回掛，而後雙掌同時旋腕翻掌，右掌掌心向上，仰掌用掌外緣復切之，左手隨之掌心向下，變俯掌以助其勢。左腳向前邁出半步，呈弓步，重心隨之變動，目視前方（圖63、圖63 斜側面）。

【注意要點】：

吳圖南師爺說：「此勢練習，抽撤敏捷，探掌空打為主，務須腰腿靈活、引勁輕穩、探掌冷脆，方顯此勢之運用。」

【應用說明】：

敵上步用右拳擊我胸部，我抽身用左手順勢捋開敵手，進身用右掌坐掌根砍擊敵之頸部。敵隨即用左手格擋，我即翻右掌含捋勁攔開敵手，再砍擊敵之左頸。

【變法】：

敵進擊我胸，我用左手捋開，且用右手進擊敵胸，敵截按我手，我則向上、向右側鼓蕩沾黏之，左手於對方右肋下勾而助之，彼重心拔起，我順勢發之。

【應用要點】：

抽身要敏捷，進掌要冷脆。左手捋掌要輕穩。貼身而進，勢在必中。其變法在推手中常用，其鼓蕩沾黏要就勢而用。

第二十七勢　右分腳

【釋義】：

右腳向右分踢（分踢，用足大趾由裡向外挑擺刮踢），是以名之。

【動作說明】：

（一）提頂鬆腰，重心移至左腳，左腿直立；右膝提起，高與胸齊，右腳足尖裡拐，足尖下垂。雙手向右下方回攬握拳，拳眼向裡，拳心向下，右上左下，疊抱於胸前（圖64、圖64正面）。

（二）雙掌搠舉過頂，舒拳變掌，右前左後劈按而出，高與肩齊。同時右腳自左而上、而右前，繃腳面彈踢而出，踢腿伸直，高與肩平（圖65、圖65正面）。

【注意要點】：

接前勢。吳圖南師爺說：「此勢以蕩為主，乘勢以右足暗中偷膝以分踢，以輕快冷脆對方不知而踢之。」

圖 64

圖 64 正面

圖 65

圖 65 正面

【應用說明】：

敵起右腳踢我腹部，我提右膝，並向左裹胯，用右腳勾掛敵腳，敵欲收腿，我復用右腳反削敵之左足脛，並用右手劈擊敵面。

【應用要點】：

腳的應用以勾掛為主，胯則含捌勁內裹，使敵重心欲失，踢則要輕快冷脆，在對方不知時而踢之。

第二十八勢　高探馬（左）

【釋義】：

同前。

【動作說明】：

（一）右腳落地，雙腿下蹲，右腳收至左腳前，足尖點地，成虛丁步。同時左手屈肘收前臂，經左肩、胸前右肩、最後循右臂內緣向前，俯掌切出，掌心向下，五指向右前，中指約與鼻齊；右手旋腕變仰掌，掌心向上，五指向左前，撤肘屈前臂向斜下方回收，仰掌置胸前於左掌下方。雙掌隔一拳距離，雙臂掤圓，面向正東（圖66、圖66斜側面）。

（二）左掌向右下方下按，然後鼓蕩回沾，右掌隨之回掛，而後雙掌同時旋腕翻掌，左掌仰掌復切之，右手掌心向下，變俯掌，隨之以助其勢。左腳向前邁出半步，呈弓步，重心隨之變動，目視前方（圖67、圖67斜側面）。

【應用說明】：

同前。

圖 66　　　　　　　　圖 66 斜側面

圖 67　　　　　　　　圖 67 斜側面

圖 68　　　　　　　　　圖 68 斜側面

第二十九勢　左分腳

【釋義】：

用左腳向左分踢。

【動作說明】：

（一）提頂鬆腰，重心移至右腳，右腿直立；左膝提起，高與胸齊，左腳足尖裡拐，足尖下垂。雙手向右下方回攬握拳，拳眼向裡，拳心朝下，右上左下，疊抱於胸前（圖68、圖68斜側面）。

（二）雙掌掤舉過頂，舒拳變掌，左前右後劈按而出，高與肩齊。同時，左腳自右而上、而左前，繃腳面彈踢而出，踢腿伸直，高與肩平（圖69、圖69正面）。

圖 69

圖 69 正面

【應用說明】：

同右分腳。

第三十勢　轉身蹬腳

【釋義】：

轉身提腿，用腳跟蹬擊敵人，又稱「窩心腳」。

【動作說明】：

（一）接左分腳，左腳回收至右膝前，呈獨立狀；雙手向左下方回攬，拳眼向裡，拳心向下，右上左下，疊抱胸前（圖 70）。

（二）上勢不變，以腳尖為軸，自左向後轉身 180°，隨之身體下蹲，左足尖點地，右足跟貼於臀部；雙拳向上掤

圖 70

圖 71

挑，右前左後置於左耳旁。面向正西，目平視（圖71）。

（三）提頂立腰，右腳足跟抬起，全體重心至右腳前掌，左腳提置胸前，翻掌蹬出，高與胸平；雙手掌心朝外，五指朝上，向前劈按而出，高與肩平（圖72）。

【注意要點】：

提推膝要高於胸，出腿用足跟發勁，蹬擊敵之胸部，故又名「窩心腳」。

圖 72

【應用說明】：

　　敵自身後起右拳重擊我頭部（或用腳踢），我疾轉身，並用雙拳向左叼掛來拳（腳），敵勢空前跌欲回，我立提左膝蹬敵之心窩（鳩尾穴）。

【應用要點】：

　　雙手叼掛要用肘腕結合拿住敵手，順勢向自己左後捋之時，勁要敏捷冷脆。蹬腳要用足跟發勁，勁要穩脆。

第三十一勢　進步栽捶

【釋義】：

躍步凌空，捶向下擊，其狀如將捶植入地中。

【動作說明】：

　　（一）左腳落地，隨即凌空跳起，於空中雙手左右互摟（圖73）。落地後左右腳重心互換，成連枝步；同時右掌自右耳側，握掌變栽拳（拳面向下，拳心向內）向下擊之，至左足前，左掌下摟後扶於右肘窩，以助其勢（圖74）。

　　（二）落右腳，左腳向前上一步，屈膝弓出；同時左手扶於右腕，右拳翻腕撞出。目視右拳（圖75）。

圖73

圖 74

圖 75

【注意要點】：

凌空跳躍要高，落地後左右腳重心互換要穩健輕靈。而後進步撞拳，要拳與步法、身法相吻合，切忌散亂。

【應用說明】：

敵用掃屆腿擊我下路，我凌空躍起以避之。敵復用右拳擊我胸，我用左手摟之，同時出右拳自上而下擊敵胸及腹。敵向後撤，我再用捶噎擊其襠。

【應用要點】：

躍起要高，摟使用叼掛之法，捶擊其膻中，透打其尾閭。後隨勢進身，透打其陰部。發勁時要全身配合，方能致用。

第三十二勢　翻身撇身捶

【釋義】：

同前。

【動作說明】：

右腳以跟為軸，足尖裡扣 90°，身體右轉 90°，面向右方，雙臂回抱於胸前。同時身體重心左移，左腿弓出，右腿蹬直，成平行步。頭向右轉，目視右方。收右腿向右上方旁開半步，左腿後坐，右腳丁於左腳前，成虛丁步。同時右手以肘為軸，甩前臂向前平拳砸出，左拳變立掌，沿右前臂向前劈出，至右拳前一立拳處（圖76）。

【注意要點、應用說明等】：均與第二十勢相同。

第三十三勢　二起腳

【釋義】：

一腳踢出，另一腳馬上飛踢，兩腳同時凌空之謂也。

【動作說明】：

右腳墊步騰跳，左腳凌空踢起，隨即右腳也凌空飛踢；同時，雙手右前左後自頭頂分開，用右手拍擊雙腳腳面，清脆有聲（圖77）。

【注意要點】：

跳起時要提頂立項，身法輕靈，拍擊清脆。

【應用說明】：

圖 76　　　　　　　　　　圖 77

　　敵我相對，我突起左腳踢其腹，敵立即用手拍按之，我乘勢再起右腳踢其面，令敵後跌。

　　【應用要點】：

　　踢時動作要輕快敏捷，使用彈踢之勁。左腳未及落地，右腳已至對方頦下。

第三十四勢　披身踢腳

　　【釋義】：

　　側身迎肘如披衣狀，復而踢之。

　　【動作說明】：

　　（一）左腳落地後，右腳馬上橫落於左腳前，身體向下疊坐成歇步，同時雙手握拳，合抱於胸前，身體向右轉

圖 78   圖 79

45°，左肘向前頂出（圖 78）。

（二）身體以右腳為軸旋轉 360°，左腳隨之以左腳內側向裡合踢，雙手分開，用左手拍擊左腳裡側，清脆有聲（圖 79）。

【注意要點】：

捋手進肘要一致，轉身與裡合腿也要一致。肘走「平嗆」或做「蓋肘」。

【應用說明】：

敵用右拳擊我，我以左手向右捋之，同時進左肘進擊其胸，右手扶於左臂以助其勢。敵抽身即退，我起左腳裡擺，踢其左肋。

【應用要點】：

捋要有沾黏勁，頂肘要用碰勁。擺腿要合胯，配合轉

圖 80

圖 81

身、轉腰，要輕靈穩固。

第三十五勢　轉身蹬腳

【釋義】：

同前。

【動作說明】：

（一）接上勢。左腳隨身轉動，落於右腳左後方，身體蹲坐於左腿，右腳丁於左腳前。同時，轉身時雙手回抱，復摟腕翻拳，右前左後至左耳邊（圖80）。

（二）提頂立腰，左腳足跟抬起，全體重心至左腳前掌，右腳提置胸前，翻掌蹬出，高與胸平；雙手掌心向前，五指向上，向前劈按而出，高與肩平（圖81）。

【應用說明】：

敵自後方襲我，我左腿向內裏，同時憑借左腿之勢擰腰跳起，並用右腳蹬敵胸部。

【應用要點】：

裏腿要用足尖帶領，飛身要輕快，蹬腳後可加踏勁。

第三十六勢　搬攔捶

【釋義】：

同前。

【動作說明】：

右腳向前落步，屈膝下蹲；左腳隨之上前一步，虛丁於右腳前。同時雙手鼓蕩而出，左手向斜下方捋至右脇處，掌心朝右，五指朝上；右手撫於左手脈門，以助其勢。

【其餘動作說明、注意要點、應用說明等】：均與第八勢相同。

第三十七勢　如封似閉

【釋義、動作說明、注意要點、應用說明等】：均與第九勢相同。

第三十八勢　抱虎歸山

【釋義、動作說明、注意要點、應用說明等】：均與第

十勢相同。

第三十九勢　斜單鞭

圖 82

【釋義】：

動作處於四隅方向，故而名之為斜單鞭。

【動作說明】：

（一）右弓步不變，隨之右手旋腕上翻，掌心向上，五指朝前，向前蹢出。左手扶於右手腕部，以助其勢（圖82）。

（二）右弓步不變，右足裡扣90°，右膝外擠。同時右手以小指為先導，向後下方回掛，然後立即收捏五指，向內、向下旋腕下勾，左手扶於右腕。弓步不變，右腳以跟為軸，外擺90°，返回原位。右腕微轉上提，用蹢勁抖之，左手立掌置右蹢之下，以助其勢（圖83）。

（三）弓步不變，右腳仍回扣90°，膝向裡合。右手翻

圖 83

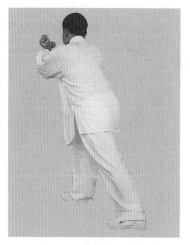

圖 84

圖 85

腕，隨之大指外挑，復向下彈，其餘四指收攏虛握，左手按
於右腕助之（圖84）。

（四）弓左腿、伸右腿，身體重心漸移至左腿，身體隨
之左移略向左傾，呈橫裆步。左手緩緩向右翻掌平捯，至左
額頭；右手挑大指，微微右移至正西，目視右手大指（圖
85、圖85正面）。

第四十勢　野馬分鬃

【釋義】：
此前進之勢，如奔馬揚鬃，左右兩分。
【動作說明】：
（一）左腿屈膝下蹲，右腳隨之，虛丁於左腳前，成虛

圖 85 正面

圖 86

丁步；同時，身體左轉，肩向左陽靠，趁勢右手轉掌向左下方下捋，掌心向左，五指朝下，置左胯旁；左手立掌微向前迎，掌心向右，五指向上、向右至肩前，目視右手（圖86）。

　　（二）右腳向西北斜跨半步，將膝弓出，左腿蹬直，成橫襠步；同時，雙手於胸前交叉，上下分開，右手自下而上、而前向前右方挒靠而出，掌心向上，五指向前，置鼻前方；左手下採，掌心向上，五指向右前方，置左胯旁。身體隨右手前靠，目視右手（圖87）。

　　（三）左腳向前上一步，虛丁於右腳前，右腿虛蹲，成虛丁步。同時身體右轉，肩向右陽靠，趁勢左手轉掌向右下方下捋，掌心向右，五指朝下，置右胯旁；右手立掌微向前迎，掌心向左，五指向上，至左肩前，目視左手（圖88）。

圖 87

圖 88

（四）左腳向西南斜跨半步，將膝弓出，右腿蹬直，成橫襠步。同時，雙手於胸前交叉，上下分開，左手自下而上、而前向前左方挒靠而出，掌心向上，五指向前。置鼻前方；右手下採，掌心向上，五指向左前方，置右胯旁。身體隨左手前靠，目視左手（圖89）。

（五）左腿屈膝下蹲，右腳隨之，虛丁於左腳前，成虛丁步；同時身體左轉，肩向左陽靠，趁勢右手轉掌向左下方下捋，掌心向左，五指朝下，置左胯旁，左手立掌微向前迎，掌心向上，五指向右前方，至右肩前，目視右手（圖90）。

（六）右腳向西北斜跨半步，將膝弓出，左腿蹬直，成橫襠步；同時，雙手於胸前交叉，上下分開，右手自下而上、而前向前右方挒靠而出，掌心向上，五指向前，置鼻前

圖89

圖90

方；左手下採，掌心向上，五指向右前方，置左胯旁。身體隨右手前靠，目視右手（圖91）。

【注意要點】：

穿喉時要纏裹上穿，要掩肘，勁要直中帶橫。發勁要連貫穩脆。

【應用說明】：

敵上步用左拳擊我下腹，我坐身用右手捋之，復用左手

圖91

攬按敵手，進右腳扣住敵腿，左手順勢自敵腋下向上翻揚，用右肩背靠擊敵胸，令敵仰跌。

圖 92

圖 93

第四十一勢　玉女穿梭

【釋義】：

環行四隅，動作變轉，狀如仙女機中運梭，靈敏輕捷。

【動作說明】：

（一）身體轉向西南，左腳向前跨一步，丁於右腳前，右腿下坐，成虛丁步；同時，右手翻掌自右向左、向下捋採，掌心向下，五指向前，至右胯前；左手自下而上、而前、而下捋按，掌心向下，五指朝前，至右手前，目視左手，面向西南（圖 92）。

（二）左腳向前墊一步，右腳隨之，至左腳內側，成連枝步。左手自下而上、而前翻掌前擠，掌心向上，五指向右

圖 94　　　　　　　　　　圖 95

前方，右手俯掌，五指推按於左脈，以助其勢，目視左手
（圖93）。

　　（三）左腳向前上一步弓出，右腿蹬直，成弓步；左手
以肘為軸，以掌引導，自前而左、而後、而右旋臂翻掌，捌
轉前臂橫架於額上。右手隨之從左臂下向前推出，掌心朝
前，五指向上。目透右掌而前視（圖94）。

　　（四）左足以跟為軸，足尖內扣180°，右胯裡合，提
頂轉腰，身體隨之右轉，左腿屈膝下蹲。足尖與膝呈垂直
狀，右足尖外擺約90°，與左腳遙相呼應，左腿伸直，全體
重心坐於右腿。左手下落、外推，掌心向外，五指朝前，護
住右肩；右手落於左肋下，掌心向上，五指向後，護住左
脇。面向正東，目視後方（圖95）。

　　（五）提右膝向東南旁跨一步，將膝弓出，右腳跟抬

圖 96

圖 97

起，以腳尖為軸，向左外擺 45°，然後踏實將腿蹬直；同時右手以肘為軸，以掌引導，自前而右、而後、而左旋臂翻掌，捌轉前臂橫架於額上；左手隨之從右臂下向前推出，掌心向前，五指向上。目透左掌而前視，面向東南（圖96）。

（六）身體轉向東北，左腳向前跨一步，丁於右腳前，右腿下坐，成虛丁步。同時右手翻掌自右向左、向下捋採，掌心向下，五指向前，至右胯前；左手自下而上、而前、而下捋按，掌心向下，五指朝前，至右手前，目視左手，面向東北（圖 97）。

（七）左腳向東北墊一步，右腳隨之，至左腳內側，成連枝步。左手自下而上、而前翻掌前擠，掌心向上，五指向右前方，右手俯掌，五指推按於左脈，以助其勢，目視左手

圖98　　　　　　　　　圖99

（圖98）。

（八）左腳向前上一步弓出，右腿蹬直，成弓步。左手以肘為軸，以掌引導，自前而左、而後、而右旋臂翻掌，捌轉前臂，橫架於額上。右手隨之從左臂下向前推出，掌心朝前，五指向上。面向東北，目透右掌而前視（圖99）。

（九）左足以跟為軸，足尖內扣180°，右胯裡合，提頂轉腰，身體隨之右轉，左腿屈膝下蹲；足尖與膝呈垂直狀，右足尖外擺約90°，與左腳遙相呼應，左腿伸直，全體重心坐於左腿。左手下落、外推，掌心向外，五指朝前，護住右肩；右手落於左肋下，掌心向上，五指向後，護住左脇。面向正西，目視後方（圖100）。

（十）提右膝向東南旁跨一步，將膝弓出，右腳跟抬起，以腳尖為軸，向左外擺45°，然後踏實，將腿蹬直。同

圖100

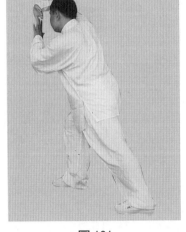

圖101

時右手以肘為軸，以掌引導，自前而右、而後、而左旋臂翻掌，捌轉前臂，橫架於額上；左手隨之從右臂下向前推出，掌心向前，五指向上。目透左掌而前視，面向西北（圖101）。

【注意要點】：

抽身捋採要有離空之意，擠時要上步碰撞；上穿時要以肘部捌領纏勁向上撐挑，推擊時要腰、身同時到位，發勁冷脆，轉身時要偷腰下身，敏捷疾快。

【應用說明】：

敵上步用左拳擊我胸部，我抽身撤步，攬住來拳向下採捋，敵欲撤身，我併步連枝隨而擠之。

敵被發出，復進身出左拳擊我頭，我出右手，自下而上纏捌敵之左臂，敵重心拔起，我乘勢以左手按發其左肋。

敵於我之身後用左手擊我，我收褶窩坐腰轉身以避之，復進右手自下而上纏捯敵之右臂，敵重心拔起，我乘勢以左手按發敵之右肋。

第四十二勢　上勢攬雀尾

【釋義、姿勢說明、注意要點、應用說明等】：均與第二十二勢相同。

第四十三勢　單鞭

【釋義、動作說明、注意要點、應用說明等】：均與第三勢相同。

第四十四勢　雲手

【釋義、動作說明、注意要點、應用說明等】：均與第二十四勢相同。

第四十五勢　單鞭

【釋義、動作說明、注意要點、應用說明等】：均與第三勢相同。

第四十六勢　下勢

【釋義】：

身降為下路，以避擊敵人。

【動作說明】：

（一）身體左轉面向正東，雙手左前右後向前鼓盪，而後向下採捋，左手掌心向裡，五指朝前，停至左膝內側，右手掌心向裡，五指朝前，停至襠前；隨之左腳裡扣 90°，身體下坐，臀部貼坐於右腿小腿，左腿伸直，身向正南，面向正東，成下仆步；立腰提頂，上身立直（切勿前傾）（圖102）。

（二）左腳以跟為軸，足尖翹起外擺 90°，落腳弓膝，身體隨之下坐左轉，以左掌為引導，俯身左肩貼地向前穿靠，左膝前弓，立腰直身，右腿蹬直，成弓箭步；雙掌側掌貼地領身前行，隨弓步立身，左手屈前臂立掌，自下而上穿挑至面前，右手扣腕垂掌下採，至左膝內側。雙手上下

圖102

垂直，面向正東，目
視前方（圖103）。

【注意要點】：

下身仆步要靈
活，左肩做靠時要貼
地而行，右手順勢而
發。整個動作必須順
勢而用，切莫強求，
周身上下要渾然一
體，方有效果。

圖103

【應用說明】：

敵擊我頭部，我下蹲以避之，並用右手上掤敵拳而将
之，敵身前傾，我順勢用左肩靠住敵右腿足三里處，左手上
翻，右手下採，令敵跌仆於我身後。

第四十七勢　金雞獨立

【釋義】：

雙手上下，如雄雞振翅；一腳著地，一腳提起，如金雞
獨立之狀。

【動作說明】：

（一）提頂立腰，左腿直立，右腿提膝上舉，膝高至
胸，右腳裡扣，足尖向上鉤挑，成獨立狀。同時右手上翻，
前臂撐圓，掌心向上，五指向左，橫掌掤舉過頂；左掌旋腕
翻掌，掌心向下，五指朝右，橫掌向下推按，前臂撐圓，面

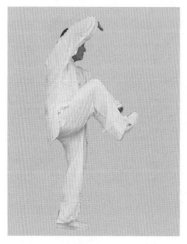

圖 104　　　　　　　圖 104 正面

向正東，目平視（圖 104、圖 104 正面）。

（二）右腳向前落步，將膝弓出，左腿蹬直，呈弓步；右手旋腕仰掌，沉肘撤前臂，落至胸前，左手自下而上、而前仰掌穿出，隨之提頂立腰，右腿直立，左腿提膝上舉，膝高至胸，左腳裡扣，足尖向上鈎挑，成獨立狀；同時左手上翻，前臂撐圓，掌心向上，五指向左，橫掌掤舉過頂，右掌旋腕翻掌，掌心向下，五指朝左，橫掌向下推按，前臂撐圓，面向正東，目平視（圖 105、圖 105 正面）。

【注意要點】：

兩種方法，一為用腳，一為用膝。用腳時向上要含勾掛之勁，向下要有踩踏之勁，用膝時要含撞勁。勾掛要有沾黏，膝撞要冷脆。

圖105　　　　　　　　　　圖105 正面

【應用說明】：

敵擊我頭部，我左手上掤，右手按擊敵腹。同時用左腳扁踩敵之足脛部。左右互換。

敵上步用右拳擊我腹部，我用左拳掛攔敵拳，用右手擊敵下頦，同時用右膝頂撞敵之小腹。左右互換。

第四十八勢　倒攆猴

【釋義、動作說明、注意要點、應用說明等】：均與第十三勢相同。

第四十九勢　斜飛勢

【釋義、動作說明、注意要點、應用說明等】：均與第十四勢相同。

第五十勢　提手上勢

【釋義、動作說明、注意要點、應用說明等】：均與第十五勢相同。

第五十一勢　白鶴亮翅

【釋義、動作說明、注意要點、應用說明等】：均與第十六勢相同。

第五十二勢　摟膝拗步

【釋義、動作說明、注意要點、應用說明等】：均與第十七勢相同。

第五十三勢　海底針

【釋義、動作說明、注意要點、應用說明等】：均與第十八勢相同。

第五十四勢　山通背

【釋義、動作說明、注意要點、應用說明等】：均與第十九勢相同。

第五十五勢　撇身捶

【釋義、動作說明、注意要點、應用說明等】：均與第二十勢相同。但在砸捶出掌時，可收為虛丁步（圖106）。

第五十六勢　進步搬攔捶

【釋義】：
與前所不同之處為上步。

【動作說明】：
右腿向前跳一步，左腿跟之停於右腳前，足尖點地，雙腿下蹲，呈虛丁步；右拳回扣，掛至右脇，左掌立於胸前。

【其餘動作說明、注意要點、應用說明等】：均與第二十一勢相同。

圖106

第五十七勢　上勢攬雀尾

【釋義、動作說明、注意要點、應用說明等】：均與第二十二勢相同。

第五十八勢　單鞭

【釋義、動作說明、注意要點、應用說明等】：均與第三勢相同。

第五十九勢　雲手

【釋義、動作說明、注意要點、應用說明等】：均與第二十四勢相同。

第六十勢　單鞭

【釋義、動作說明、注意要點、應用說明等】：均與第三勢相同。

第六十一勢　撲面掌

【釋義】：
以掌迎擊敵面之謂也。

【動作說明】：

（一）右腳以跟為軸，足尖裡扣 45°，重心右移，身體左轉，雙腿下蹲，左腳收至右腳前，足尖點地，成虛丁步。同時，右手屈肘收前臂，經右肩、胸前、左肩，最後循左臂內緣向前側掌切出，其掌心向左下方，五指向左上方，中指端約與鼻齊；左手旋腕變仰掌，撤肘屈前臂向斜下方回收，掌心向上，五指向右前

圖 107

方，仰掌於右掌下方置胸前。雙掌隔一拳距離，雙臂掤圓，面向正東（圖 107）。

（二）左腳向前上半步，將膝弓出，右腿下蹬，成弓箭步。同時，右手立掌向左推，掌心向左，五指向上，至左腋下，左手旋腕轉掌，循右手手背向前擊按，掌心向前，五指向上。面向正東，目視前方（圖 108、圖 108 正面）。

【注意要點】：

右掌外引兼以捯勁，左掌進擊敵面用按勁。

【應用說明】：

敵右拳擊我胸部，我以右掌向左捯而引之；同時，進左腳踏邊門，扣住敵之前腳，出左手托按敵之下頦（或按擊其面部），令之仰跌。

圖 108

圖 108 正面

第六十二勢　十字擺蓮

【釋義】：

雙手鼓蕩開合狀如十字，並起腳旁踢擺蓮腿。

【動作說明】：

（一）左腳以跟為軸，足尖裡扣 135°，其腿屈蹲不變，身體隨之向左、向後轉至正西方，右腳虛丁；同時，左手自左而右、而上成半圓向上掤舉，掌心向上，五指向右，橫掌托於頭上，右手仍立於腋下；面向正西，目視前方（圖109、圖 109 正面）。

（二）右腿用外腳面引導，自下而上、而右、而左外擺踢而出，腳尖上翹，同時，雙手齊出，左手下擊右腳外腳面（圖 110），右手自左向右拍擊右腳裡側（圖 111），然後

圖 109

圖 109 正面

圖 110

圖 111

雙掌十字分開，掌心向後，五指向外。面向正西，目視前方
（圖112）。

圖112

【注意要點】：

用時要整體配合，發勁穩脆，應用勾踢之法時，足尖與足踝要配合好，勁要發得冷脆。

【應用說明】：

敵用右拳擊我頭部，我向上翻右掌上掤來拳，同時用右掌拍擊彼之右肋，並起右腳勾踢敵腳，令之跌仆。

第六十三勢　指襠捶

【釋義】：

凌空跳躍，以捶擊敵之襠部。

【動作說明】：

右腳前落，立刻左先右後凌空彈跳而起；同時，雙手自

圖 113

圖 114

下而上、而下左右互摟（圖 113）；雙腳左先右後落地，左
腳落實，右腳足跟抬起，腳尖貼於左腳內側，成連枝步。同
時，右手收攏五指，立拳向前下方 45°鎮勁擊出，左手立掌
撫於右肘內側。目視右手（圖 114）

【注意要點】：

右拳要用鎮勁，拳出斜下 45°。

【應用說明】：

敵用拳擊我中路，我用左手摟開來拳，同時以併步連
枝，搶入敵之中門，且用右拳鎮勁擊敵之小腹。

第六十四勢　上勢攬雀尾

【釋義、動作說明、注意要點、應用說明等】：均與第

二十二勢相同。

第六十五勢　單鞭

【釋義、動作說明、注意要點、應用說明等】：均與第三勢相同。

第六十六勢　下勢

【釋義】：

同前。

【動作說明】：

（一）左腳裡扣 90°，身體下坐，臀部貼坐於右小腿，左腿伸直，身向正南，面向正東，成下仆步；立腰提頂，上身立直（切勿前傾）；左手下捋至左膝內側，掌心向右，五指向前；右手挑指，單鞭不變，向右上方提拿。面向正東，目視前方（圖 115）。

圖 115

圖 116

　　（二）左腳以跟為軸，足尖翹起外擺 90°，落腳弓膝，身體隨之下坐左轉，以左掌為引導，俯身左肩貼地向前穿靠，左膝前弓立腰直身，右腿蹬直，成弓箭步；左掌側掌領身貼地前行，隨弓步立身，左手屈前臂立掌向上穿挑至面前，右手手勢不變，然略向下沉，與右肩平。面向正東，目視前方（圖 116）。

第六十七勢　上步七星

【釋義】：

　　上步作勢，其頭、肩、肘、掌、胯、膝、足狀如北斗七星之排列。

【動作說明】：

　　提頂立腰，左腿微起屈蹲，右腿提膝上前半步，足尖點地，成虛丁步；同時右手上引，左手隨之，雙手掌心向外，

圖117   圖118

五指向斜上，右前左後，腕部相沾，十字交叉，含碰勁，掤架於胸前。面向正東，目平視（圖117）。

【注意要點】：

上掤時加入碰撞勁。

【應用說明】：

敵用拳擊我頭部，我雙手交叉上掤敵臂，敵身拔起，我進左腳勾住敵足，坐肘掌根發按勁，令敵仰倒。

第六十八勢　退步跨虎

【釋義】：

退步下蹲，有如跨騎猛虎之狀。

圖119　　　　　　　　圖119 正面

【動作說明】：

（一）右腿後退一步後蹬直，左腿屈膝不變，成弓箭步；雙手交叉，垂掌下落，掌心向外，五指向斜下，護於左膝前。面向正東，目隨手而視（圖118）。

（二）右腿後坐，左腳回撤半步，足尖點地，成虛丁步；同時雙手分開向左右外展，其左手自下而右、而上向身體左側翻掌擊之，沉肩墜肘，前臂微屈，掌心向前，五指向上，其中指高與眉齊；右手五指攏做掐拳，自下而左、而上，向身體右側含掛勁沾提，手臂平伸，腕與左手中指平。面向正東，目平視（圖119、圖119 正面）。

【注意要點】：

其一，左手反手勾提要穩，右手擊頦要脆，而且有向下翻發之意，左右手要配合好，發勁要用腰帶。其二，擺膝撞

擊，要結合轉身轉腰，要將整體勁發於膝。

【應用說明】：

敵用右腳踢我，我雙手向下交叉，做十字攔截，並翻轉左手做勾，自下向上勾提敵足；轉右掌擊敵頜部，翻而發之。

敵進步用右拳擊我頭部，我雙手捋之，同時起左膝擺擊敵之右肋。

第六十九勢　轉身雙擺蓮

【釋義】：

雙手開合鼓蕩，開而復合，旋轉旁踢擺蓮腿，故名之。

【動作說明】：

（一）左腿抬起，腳尖下垂，向內裏膝右轉，右腳以跟為軸，身體自右向後旋轉180°（圖120），左腳向前跨一步，將膝弓出，右腿蹬直，成弓箭步；同時左手翻轉，拳背向下，隨轉身屈肘，循左肋及右手上，張手變掌擊按而出；右手屈臂下採，自左腋下推至左肩外側。面向正西，目平視（圖121）。

（二）左腳以跟為軸，裏扣135°，身體自右向後轉180°，左腿屈膝下蹲；右腳虛丁於左腳前，成虛丁步；同時右手循左臂外捋，左手隨之，雙手均屈臂立掌，左外右裏置頭之右側；右手掌心向前，五指朝上，左手掌心朝後，五指向上，雙手指尖均與耳平。面向正東，目平視（圖122、圖122正面）。

圖 120

圖 121

圖 122

圖 122 正面

（三）右腳提起向右擺
踢，雙手自右向前一齊拍擊
右腳外側（實際是以足外側
擺踢雙掌），清脆有聲（圖
123）。

【注意要點】：

雙手用掤、挒、按、
發，必須一氣呵成。腳用叼
掛，腿用外擺，勁要疾脆，
不能拖泥帶水。

圖123

【應用說明】：

敵右拳擊我，我轉身用
雙手自左向右上方掤挒，向前跟半步，出左腳叼掛敵腳，同
時雙手向前下按發，令敵仰倒。

第七十勢　彎弓射虎

【釋義】：

此勢猶如跨馬張弓射虎然。

【動作說明】：

（一）右腿向上跨一步，屈膝弓出，左腿下蹬，成弓箭
步；同時，雙手鼓蕩挒至左脅下握拳，拳眼相對，循腹向右
脅外側掛蕩，然後向上掛，右拳在上（立拳），左拳在下
（正拳），提至右耳旁，目隨手動，左肘內裏帶，右腕反轉
掛掤，雙拳同時向前擊出。面向正東，目平視（圖124、圖

圖 124　　　　　　　　圖 124 斜側面

124斜側面）。

【注意要點】：

反手掛提要有沾黏鼓蕩之勁，雙拳回擊時要有崩勁。

【應用說明】：

敵用右拳擊我頭部，我向左側微閃，翻右拳掛提來拳，進右腳扣住敵之前腳，用左拳擊打敵肋，並用右拳回擊敵頭。

第七十一勢　遊蕩捶

【釋義】：

雙捶左右蕩擊，往來裕如，故名之。

圖 125

圖 126

【動作說明】：

（一）左腳向上進步弓出，右腿下蹬，成弓箭步；雙拳同時自上而下、而左、而前翻拳崩抖，拳面朝前，拳心向下，至左膝兩邊。面向正東，目視雙拳（圖 125）。

（二）右腳向前進步弓出，左腿下蹬，成弓箭步；雙拳自左而右、而前翻拳崩抖，拳面向前，拳心向裡，拳背向

圖 127

上，至右膝兩邊。面向正東，目視雙拳（圖 126）。

（三）左腳向上進一步，腳尖裡扣 90°，身體右轉（轉

至正南），雙腿蹲成馬步；雙拳自襠前向左右分拳，自內向外崩抖，至兩膝外側，目視左拳（圖 127）。

【注意要點】：

翻轉要注意全身設軸心，走離心的圓弧，崩抖要由內而外。

【應用說明】：

敵握我雙腕，我雙手握拳自內而前翻拳彈抖之，敵則被發出。

我擊敵胸，敵用右拳掛之，我順勢甩右拳，彈抖敵肋（大凡掛拳，均可以用遊蕩捶擊之）。

第七十二勢　遊龍戲水

【釋義】：

雙掌往來分合，如水中遊龍纏攪，故名之。

【動作說明】：

（一）左腳向裡扣，並向左撤半步，身體右轉 90°，面向正西，右腳回撤，虛丁於左腳前；雙掌左右交叉，在胸前裡合，前後纏繞一周後，分別向兩邊捯甩。目視雙手動作（圖 128、圖 128 正面）。

（二）左腳進一步，右腳跟之，成連枝步；雙手纏繞，掌心向後，右上左下交叉於胸前。目視雙手（圖 129、圖 129 正面）。

（三）右腳後撤，左腳跟之，虛丁於右腳前；同時雙手左右分開，向兩側分捯（圖 130）。

圖 128

圖 128 正面

圖 129

圖 129 正面

（四）右腳進一步，左腳跟之，成連枝步；雙手纏繞，掌心向後，右上左下交叉於胸前。目視雙手（圖 131）。

圖 130

圖 131

（五）左腳後撤，右腳跟之，虛丁於左腳前；同時雙手左右分開，向兩側分捯（圖132）。

【注意要點】：

雙手截腕冷脆，擒拿時注意順其勢，翻轉靈活。

【應用說明】：

敵以右拳擊我下部，我以十字手向下冷脆截之，敵欲鬆勁化之，我雙手翻轉，左手握住敵腕向上反拿，右手向下按截敵肘部。

圖 132

圖 133　　　　　　　　　圖 133 正面

第七十三勢　簸箕勢

【釋義】：

雙手裡合外托，如同用簸箕揚糧食一般。

【動作說明】：

（一）左腳後撤，右腳跟之，虛丁於左腳前；雙手擰前臂翻掌，用兩手小魚際部向裡夾擊，其掌心向斜上，五指朝前，至右膝兩側。目視雙掌（圖 133、圖 133 正面）。

（二）右腳進一步，左腳跟之，成連枝步；雙掌自下向前上方含噎勁托擊。目視雙掌（圖 134）。

【應用說明】：

敵上步用右拳擊我下部，我雙手叼敵來拳外轉，復轉掌

圖134

圖135

用掌側（小魚際部）合敵之雙肋。敵撤步閃過，我復用併步連枝跟進，並托擊敵之小腹。

第七十四勢　合太極

【動作說明】：

（一）左腳後撤，右腳跟之，虛丁於左腳前；雙掌自下上撩，以肘為軸，翻轉一周；然後右腳進一步，左腳跟之，成連枝步（圖135）；雙掌向前點、擊、推、按，最後掌心向前，五指朝上，正掌推出。面向正西，目視前方（圖136）。

（二）雙腳以跟為軸，抽身體左轉，面向正南；雙手五指向裡，掌心向下，合於胸前（圖137）；然後下按至丹田

圖 136

圖 137

圖 138

圖 139

（圖 138），雙掌分開，按於兩腿外側。目平視（圖 139）。

【注意要點】：

此兩式招招連貫，叼、砍、托、沾提、搓放，勁勁相連，最後放時可以試用凌空勁。

【應用說明】：

接上式。敵雙手按住我掌，我翻轉提拿，令敵失重，我進右腳，跟左腳，連枝步踏彼中門，搓打發之。

第四節　太極拳用架餵手規範

一、前　言

前賢曰：「由著熟而漸悟懂勁，由懂勁而階級神明。」此語已流傳幾百年矣，然此指導性的言語卻被近代的一些太極拳家所遺忘。太極拳有著健身養生和武術技擊的雙重作用，太極拳宗師楊少侯先生曾說：「祖父露禪先生曾云：太極拳有體用之分，有大方舒展，玲瓏緊湊之別，無論盤拳、打手（即推手），應用散手等，均以此區分造詣之深淺，雖因人體稟賦之不同，智慧高低之不同，練拳久暫之不同，功夫純雜之不同，教者均用不同之方法，因材施教，雖學習時間有先後，因體會領悟深淺不同，故所得不一。若為鍛鍊身體、祛老延年，達到養生長壽之目的，教以練架（即一般流行架）。非有相當體質，方可教以用架。」

由此可見，太極拳根據其練習的目的不同而有著不同的練習方法。為養生長壽，一般應研究練架，而為研究技擊就

應研究用架。吳圖南師爺曾制定了著功、勁功、鬆功、氣功四種功法的練習，它代表著太極拳練習由低到高的四個不同層次，同樣也是太極拳的四個階梯。然而在練習中四種功法的練習，又是相互滲透、不能截然分開的。此外，吳圖南師爺又制定了相應的著、勁、氣、神的四種打法，它代表著太極拳應用由淺入深的四個階段，同時又是相互為用的。從而吳圖南師爺為太極拳訓練的科學化指明了方向，奠定了基礎。目前，在太極拳界有著一些執拗的偏見，有些人恥於著法的練習，他們認為著功是最低級的練法，會盤架子就可以了，深究每招每勢的用法是外家拳所為，只有用意、用氣練推手才是太極拳高層次、高境界。因此，出現了有的人竟忘卻了太極拳架的練習和不會每著用法的怪現象。殊不知推手僅僅是太極拳中的一種訓練方法（是訓練聽勁和勁路變化的方法），絕不能在搏擊中應敵致用。吳圖南師爺是曾說過「太極拳推而不打」，但這只是對推手比賽制定規則而言，並不是說在搏擊中用推手去應敵。從傳統的練法中我們知道，「著功」是奠定以後提高升級的基礎，「著功」不僅體現在盤拳架，而且也體現在餵手訓練之中。我們在餵手訓練中可以更直接地練習手、眼、身、步在應用中的協調性，了解到意、勁、氣在應用時的運行、收放變化，然後我們可以將其反饋到用架練習中，反覆體會加強理解，久而久之，自然會形成各種著勁、氣的條件反射。在這基礎上結合推手訓練，在對待中能聽明對方勁路之變化，並條件反射地應用十三勢去對應，才能達到「漸悟懂勁」的階段，否則後面繼之的「階級神明」就是空談。因此，我們一定要加強太極拳用

架的餵手訓練，以真正做到前輩們所說的「由著熟而漸悟懂勁」，以便循序漸進地「由懂勁而階級神明」。

二、各勢餵手練法

（一）攬雀尾

1.叉子手

（1）甲乙兩方對立，相距兩步左右。乙方上步用右拳擊甲方胸部，甲方出左掌掛採來手，同時進步踏其中門，以右足勾攔乙前腳，用膝部抵住其小腿，出左掌點擊其膻中穴。乙用左手摟住甲手，向下採之，甲雙手搶中，跟進半步托擊乙腹。

（2）甲乙兩方對立，相距兩步左右。乙方上步用右拳擊甲方胸部，甲方出左拳掛採來手，同時進步踏其中門，以右足勾攔乙前腳，用膝部抵住其小腿，出左掌點擊其喉頭。乙用左手摟住甲手，甲則向右後方捯之，乙則順勢前撲，甲順勢跟半步（呈連枝步），雙掌發之。

2.連三捶

（1）甲乙兩方對立，相距兩步左右。乙方上步用右拳擊甲方胸部，甲方出左拳掛採來手，同時進步踏其中門，以右足勾攔乙前腳，用膝部抵住其小腿，出右拳進擊其膻中穴。乙用左手截攔甲手，甲則向右後方捋掛，同時出左拳擊其腹部中脘穴。乙復格左拳，甲則再用右拳擊之。如是者三。

（2）甲乙兩方對立，相距兩步左右。乙方上步用右拳

擊甲方胸部，甲方出左拳掛採來手，同時進步踏其中門，以右足勾攔乙前腳，用膝部抵住其小腿，出右拳進擊其膻中穴。乙抽身退步，用左手截攔甲手，甲則向右後方捋掛，同時進步出左拳擊其腹部中脘穴。乙復退步格甲左拳，甲則再進步用右拳擊之。如是者三。

3.鵲起尾

（1）接叉子手第一勢，乙雙手攔按甲手，甲順其勢跟步（半弓步）托擊其小腹。乙疾退步，甲以連枝步跟進，並旋前臂翻掌按擊乙胸。

（2）乙急用雙手按甲雙臂，甲托乙肘向其後上方抛之。乙化卸甲勁，甲順勢翻掌按擊乙胸而發之。

（3）乙雙手攔按甲雙臂，甲翻掌旋前臂向後捯提，乙重心稍失，甲立即搓按其胸而發之。

4.鳳凰三點頭

接鵲起尾，甲按乙胸，乙抽步後撤，甲就勢鼓蕩之，並以連枝步，踏中門、搶中線。乙繼續後撤，甲仍繼而蕩之，如是者三。最後甲用跟步連枝搶中門，右足扣乙之足跟，用小腿擠乙之足三里，雙手搶中線而發之，令乙仰跌。

練習完畢，甲乙互換。

【發勁練習】：叉子手用點透勁，連三捶用鎮勁，鵲起尾用托勁、投勁和點擊推按勁。鳳凰三點頭用鼓蕩勁、凌空勁。

（二）單鞭

1.甲乙兩方對立，相距兩步左右。甲伸右臂仰掌向乙面

虛晃，乙用右手從下向上擋之，甲向回勾手，旋前臂讓過敵手，進右腳踏踩乙之前足，同時用左手攔敵右手，甩右鈎拳以彈抖勁進擊敵之下頦。

2.甲乙兩方對立，相距兩步距離。乙方上步用右手握甲之右腕，甲懸腕上提，使乙握實，或刁或掛，勾手截拿乙腕，同時出左掌砍擊乙肋下。身體下蹲，步前弓，呈半弓半馬步。

練習完畢，甲乙互換。

【發勁練習】：勾掛、勾刁，彈抖、砍勁。

（三）提手上勢

1.甲乙兩方對立，相距兩步左右。乙方上步，用右拳擊甲方胸部，甲出右手勾掛來拳，復換用左掌攔之，出左腳搶進中門，右手鈎拳用噎勁彈抖打擊乙之喉頭（打喉頭透枕骨）。

2.甲乙兩方對立，相距兩步左右。乙方上步，用右拳擊甲方胸部，甲出右手勾掛來拳，復換用左掌攔之，出左腳搶敵之右側，騰右手用鈎拳用噎勁擊打乙之耳門。

練習完畢，甲乙互換。

【發勁練習】：勾掛勁、噎勁，身法、步法用閃展騰挪之法。

（四）白鶴亮翅

1.甲前乙後站立。乙攔腰環抱甲之雙臂及腰，甲蹲身左轉，隨之用撥棱鼓勁，以左肘擊乙之軟肋。乙向右閃，甲復

揚右肘擊乙之頭。

2. 甲乙兩方對立，相距兩步左右。乙方上步用右拳擊甲方頭部，甲出右手上掤來拳，同時出左指點擊乙之期門穴。

3. 甲乙兩方對立。乙出雙手擊甲，甲右手上掤，左手用撥棱鼓勁下採，並起左腳踢乙小腹。

練習完畢，甲乙互換。

【發勁練習】：撥棱鼓勁。

（五）摟膝拗步

1. 甲乙兩方對立，相距兩步左右。乙方上步，用右拳擊甲方胸部，甲一面用左手摟住來拳向下採按，一面上左腳扣住乙之前腳，並旋轉右手以掌擊乙胸（發遠用搓打勁，殺傷用炸勁）。乙抽身後撤，甲用凌空跳躍步追之，繼續用右掌擊乙胸。

2. 乙用掃趟腿橫掃甲腿，甲雙足躍起，躲過乙腿，甫及落地，按擊乙背。

練習完畢，甲乙互換。

【發勁練習】：左手撥棱鼓勁、右手搓打勁。跳為凌空跳躍步。

（六）手揮琵琶

甲乙兩方對立，相距兩步左右。乙方上步，用右拳擊甲方胸部，甲以右手拿住來拳，向下、向外翻擰，同時左手截按其肘，乙向後撤身並鬆化其勢，甲隨乙勢而雙手蕩之，乙重心不穩腳下一亂，甲就勢搓放之。

練習完畢，甲乙互換。

【發勁練習】：反骨關節，及拿截敵手。高級則操凌空發放。

（七）搬攔捶

1. 甲乙兩方對立，相距兩步左右。乙方上步，用右拳擊甲方胸部，甲以右拳向右後方下纏掛，同時向左前方躍進一步，進身於乙之身側，並用左手搬住乙肘，裹右拳擊乙右肋。

2. 甲乙兩方對立，相距兩步左右。乙方上步，用右拳擊甲方胸部，甲以右掌向右搬捌，出左腳勾攔乙腳，隨著左臂向左捌靠。

練習完畢，甲乙互換。

【發勁練習】：右拳攔手用纏掛勁，裹擊用鎮勁或崩勁。

（八）如封似閉

1. 甲乙兩方對立，相距兩步左右。乙方上步，用右手握甲之右腕，甲撑腕上提，乙手被反，甲疾用左掌拇指側磕之。注意兩手同時向兩側發勁，身法要以後坐配合之。乙欲後退，甲則跟左步（甲雙腿呈半弓半馬步）扣住乙前腳，用雙掌推按乙胸。

2. 甲乙兩方對立，相距兩步左右。乙方上步，用右手握甲之右腕，甲撑腕上提，乙手被反，甲疾用左掌拇指側磕之。注意兩手同時向兩側發勁，身法要以後坐配合之。乙欲

後退，甲以連枝步踏其中門，立雙掌用魚際部劈砍乙之鎖骨（乙帶護具）。

練習完畢，甲乙互換。

【發勁練習】：提拿反截，及劈砍勁。

（九）抱虎歸山

1.甲乙兩方對立，相距兩步左右。乙方上步，用右拳擊甲方胸部，甲用左手摟按乙之來拳，並出右掌，自耳側掄出，做欲擊勢。乙用左掌攔截甲右掌，甲隨即上右腳，收左腳，轉到乙之右後方，同時按採乙之截手，並翻左掌，自下而上平搓乙之後腦（此掌打法為腦後風）。

2.甲乙兩方對立，相距兩步左右。乙方上步，用右拳擊甲方胸部，甲用左手摟按乙之來拳，並出右掌自耳側掄出，做欲擊勢。乙用左掌攔截甲右掌，甲隨即上右腳，收左腳，轉到乙之右後方，同時按採乙之攔截手，並翻左掌，自下而上托起乙身，再向下翻搓乙之後腦（此掌打法為腦後風）。

練習完畢，甲乙互換。

【發勁練習】：翻車手，兩手一上一下發勁要配合默契，結合身法切莫慌亂。搓打勁中之「腦後風」。

（十）肘底看捶

1.甲乙兩方對立，相距兩步左右。乙方上步，用右拳擊甲方胸部，甲出左掌迎住來拳，且隨握隨向上撐提之，乙則被反關節拿起，甲即用右拳擊乙之胸或肋。

2.甲乙兩方對立，相距兩步左右。乙方上步，用右拳擊

甲方胸部，甲用右拳向下裏採乙拳，同時出左拳自下而上撐擊乙之下頦，令乙仰跌。

3. 甲乙兩方對立，相距兩步左右。乙方上步用右拳擊甲方胸部，甲出左拳，自下而上用撐裏勁攔住乙拳，乙右臂揚起，甲疾進身用左肘蓋擊乙胸，同時甲之右拳護住自身。

練習完畢，甲乙互換。

【發勁練習】：撐提撥挒、肘勁。

（十一）倒攆猴

甲乙兩方對立，相距兩步左右。乙進步起左腳踢甲小腹，甲疾跳步後退，同時起右手摟按乙腳，復急上步按擊乙胸。乙收右腳又起左腳踢之，甲疾跳右步，用左手摟按乙左腳，復急上步用左手按擊乙胸。乙急收左腳，進身用右拳擊甲，甲再疾跳左步，用右手摟按乙拳，復急上步按擊乙胸。

練習完畢，甲乙互換。

【發勁練習】：抖搓勁、炸勁，後退雀躍要敏捷靈活，進身要用腳扣住對方。

（十二）斜飛勢

1. 甲乙兩方對立，相距兩步左右。乙方上步，用右拳擊甲方胸部，甲橫前腳，用左手向右将開乙拳，疾下腰進身，伸左腳扣住乙之後腳，遂翻左手，揚左臂，用左肩背靠住乙之右胯或足三里，蹬右腿、下撐右手，全身配合發靠勁，令乙跌出。

2. 甲乙兩方對立，相距兩步左右。乙方上步，用左拳擊

甲方胸部，甲用右手向左下方挒之，並進身用右腳扣住乙之前腳，遂翻右掌、展左臂、下撐左手，以右肩領靠勁發之。

練習完畢，甲乙互換。

【發勁練習】：挒挽之手要冷脆，發靠勁時要全身配合，陽靠、陰靠。

（十三）海底針

1. 甲乙兩方對立，相距兩步左右。乙方上步，用右手握甲之右腕，甲提右腕，翻轉右掌，用小魚際部向下反截乙腕。乙向下隨之，甲右手做掌自下往上點擊乙喉（甲截乙腕後要向下蹲身，穿喉時要注意用肘管住乙肘）。

2. 甲乙兩方對立，相距兩步左右。乙方上步，用左拳擊甲方胸部，甲用左手自下而上撥挒開乙拳，並進身用左掌下插乙之關元穴。

練習完畢，甲乙互換。

【發勁練習】：甲腕部的提拿和叼截。上下手的插點透勁。

（十四）山通背

1. 接上勢。甲進身用左掌下插乙之關元穴，乙向後退身，甲平進左腳管住乙之前腿，同時起右掌自下而上撩擊乙之陰部。乙因甲撩己陰，身即上跳，甲則隨勢翻右手握其胸，左手握其腹，自下而上而後揚手送之（因此法練習時極易傷人，故要謹慎。也可考慮撩陰後用左手做勢送之）。

2. 甲乙兩方對立，相距兩步左右。乙方上步，用左拳擊

甲方頭部，甲側身下蹲以避讓，應用右手自下而上含掤捌勁格開乙拳，進左掌按擊乙之右肋。

練習完畢，甲乙互換。

【發勁練習】：撩陰也可用捶、用震勁向上挑撞。注意上步時要平進，切忌身體先起伏。撞提上挑用抖震勁，翻掌上舉用挑撥勁。吳圖南師爺說：「此勢各須完整一氣，輕脆撥挑，得機得勢。」第二種方法右手向上撥挑要含有挒勁，左手用小魚際部發「張手雷」。

（十五）撇身捶

1. 甲乙兩方對立，相距兩步左右。乙方上步，用右拳擊甲方胸部，甲側身用右拳向內旋腕擰裹捌開乙拳，順勢進肘撞擊乙胸。乙抽身用左手攔截甲肘，甲翻身弓步，以肘為軸擺右拳下砸乙面。乙收右拳上攔，甲復出左掌砍其胸肋。

2. 甲乙兩方對立，相距兩步左右。乙方上步，用左拳擊甲方胸部，甲側轉撇身卸空乙力，並用右手順勢攬握乙拳，且向下、向內擰之，同時用右肘壓住乙之右肘，坐身仆步令乙跌仆。若乙急抽右臂，甲乘勢回身用右捶平擊乙之三叉骨（尺骨、橈骨之交叉點），或擊乙之面部，左手扶右臂以助之。

3. 甲乙兩方對立，相距兩步左右。甲方上步，用右手握住乙之右腕，乙使用纏絲剪腕擒拿甲手，並用左手按截甲肘，甲順勢用反雲鬆法旋腕轉軸使乙力卸，復蓋肘下壓管住乙之右臂，用己肘反截乙肘令乙疼痛跪地。

【發勁練習】：主要練習壓、蓋、頂、雲（肘的盤轉）

等各種肘法，以及開花捶的砸勁。注意撤身、偷腰、噎摺窩，務須一氣呵成。

（十六）雲手

1.甲乙兩方對立，相距兩步左右。乙方上步，用左拳擊甲方面部，甲身略右閃，用左手叼乙腕，右手穿於乙之腋下，自左而右撅截乙之右臂。乙鬆臂，欲用左手擊甲，甲進右腳踏中門扣住乙腳，翻纏挒挑右掌，拍乙左肩以卸其臂。此是錯骨，為截法練習，做勢點到即止，以免傷人。

2.甲乙兩方對立，相距兩步左右。乙方上步，用左拳擊甲方面部，甲雙手向上掤挵其臂，同時起右腳踏蹬乙前腿脛骨。乙撤腿閃過，甲隨勢落右腳轉身，用左腳向後撩踢乙陰。

【發勁練習】：身體左右變動定要上下相隨，雙手要有叼和翻挑纏　之勁。截骨手要冷脆。

（十七）高探馬

1.甲乙兩方對立，相距兩步左右。乙方上步，用右拳擊甲方胸部，甲用左手順勢挵開乙手，進身用右掌坐掌根砍擊乙之頸部。乙隨即用左手格擋，甲即翻右掌含挵勁攔開乙手，再砍擊乙之左頸。

2.甲乙兩方對立，相距兩步左右。乙方上步，用右拳擊甲方胸部，甲用左手順勢挵開乙手，進右掌按擊乙胸。乙用碰勁反撞，甲則應用沾黏鼓蕩之法，將乙提拿復發之。此時甲之步法須隨勢虛實變換，切忌僵滯。

【發勁練習】：勁以探掌砍擊為主，砍擊要用掌根發勁。勁要冷脆。沾黏鼓蕩時可用左手於乙腰間勾提以助其勢（吳圖南師爺稱之為美人醉，又稱雙沾黏）。

（十八）分　腳

1. 甲乙兩方對立，相距兩步左右。乙方上步，用右拳擊甲方胸部，甲身微向左側，同時右手向左後方捋乙來拳，順勢握之向左脇側回抱，一面用右肘壓制乙肘，一面提右膝頂擊乙之右脇。乙側身避讓，甲復起右腳自下而左、而上、而右分踢乙之小腹，並用右手砍斬乙頸。

2. 甲乙兩方對立，相距兩步左右。乙方起右腳踢甲腹部，甲提右膝向左裏胯，用右腳勾掛乙腿（也可用左腿捌開乙腿）。乙欲收腿，甲復用右腳反削乙之左足脛，並用右手劈擊乙面。

【發勁練習】：主要練習腿的彈踢、腳的勾掛以及膝的頂撞、胯的裏捌。

（十九）轉身蹬腳

甲乙兩方對立，相距兩步左右。乙方起右拳重擊甲頭（或用腳踢），甲一面微微右閃，一面用雙拳向左叼掛來拳（腳）。乙勢空前跌欲回，甲立提左膝蹬乙之心窩（鳩尾穴）。

【發勁練習】：雙手叼掛要用肘腕結合拿住乙手，順勢向自己左後捋之時，勁要敏捷冷脆。蹬腳要用足跟發勁，勁要穩脆。注意手腳一定要配合好。

（二十）進步栽捶

甲乙兩方對立，相距兩步左右。乙起右拳擊甲中路，甲用左手摟開來拳，同時以併步連枝搶乙中門，用右平拳自其心窩向尾閭處砸擊。乙一邊用手勾攔截，一邊向後抽身，甲順勢進身，弓左腳，用噎捶擊乙小腹。

【發勁練習】：主要練習捶的下砸與噎擊，發勁要全身配合，注意勁要冷脆。

（二十一）二起腳

甲乙兩方對立，相距兩步左右，甲起左腳晃踢乙腹，乙雙手鎖截，甲落左腳，同時飛身跳起，以右腳彈踢乙之下頦。

【發勁練習】：雙腳的彈踢勁。

（二十二）披身踢腳

甲乙兩方對立，相距兩步左右，乙方上步，用右拳擊甲方胸部，甲向右側身，出左手攔挒乙之右肘，順勢擺左肘，撞擊乙之左肋，右手推左拳，以助肘勁。乙撤身避讓，甲起左腳用裡合腿（自下而上、而右，用左腳掌內緣合擊）踏踢乙肋。

【發勁練習】：注意內裏中包含踏踢勁，勁要冷脆。

（二十三）轉身蹬腳

1. 如前法。

2.甲前乙後站立，相距 2 公尺有餘。乙欲攻甲，甲裏左腿跳起轉身用右腳蹬擊乙胸。

【發勁練習】：甲裏左腿時要用足尖帶，飛身擰身一同完成。

（二十四）野馬分鬃

1.甲乙兩方對立，相距兩步左右。乙方上步，用左拳擊甲方下腹部，甲坐身用右手捋之，復用左手攬按乙手，進右腳扣住乙腿，其手順勢自乙腋下向上翻揚，用右肩背靠擊乙胸，令乙仰跌。

2.甲乙兩方對立，相距兩步左右。乙方上步，用右拳擊甲方下腹部，甲坐身用左手捋之，復用右手攬按乙手，進左腳扣住乙腿，其左手順勢自乙腋下向上翻揚，用左肩背靠擊乙胸，令乙仰跌。

3.甲乙兩方對立，相距兩步左右，乙方上步，用右拳擊甲方胸部，甲左手攬之，向左後方採按，進右腳扣住乙腳，右手自乙腋下向上穿喉。乙夾肘，甲則用肩靠之。

4.甲乙兩方對立，相距兩步左右。乙方上步，用左拳擊甲方胸部，甲右手攬之，向右後方採按，進左腳扣住乙腳，左手自乙腋下向上穿喉。乙夾肘，甲則用肩靠之。

【發勁練習】：第一種靠用肩背。第二種用肩為陽靠，穿喉時要纏裏上穿，要掩肘，勁要直中帶橫。發勁要連貫穩脆。

（二十五）玉女穿梭

　　甲乙兩方對立，相距兩步左右。乙方上步，用左拳擊甲方胸部，甲抽身撤步，攬住來拳向下採捋。乙欲撤身，甲併步連枝隨而擠之。

　　乙被發出，復進身出左拳擊甲頭，甲出右手，自下而上纏捌乙之左臂，乙重心拔起，甲乘勢以左手按發乙之左肋。

　　乙於甲之身後用左手擊甲，甲收褶窩坐腰轉身以避之，復進右手自下而上纏捌乙之右臂，乙重心拔起，甲乘勢以左手按發乙方右肋。

　　【發勁練習】：一是練習採捌，及進身擠勁；二是練習向上隨掤隨捌纏之勁。練習時注意手眼身步必須上下相合，完整一氣。

（二十六）下　勢

　　1.甲乙兩方對立，相距兩步左右。乙方上步，用右拳擊甲方頭部，甲右手接拳向後上方捋之，同時坐身下勢，乙身前傾，甲用左肩靠住乙之足三里處，左手搬足向上推翻，同時右手向下採，令乙自身前摔於身後。

　　2.甲乙兩方對立，相距兩步左右。乙方上步，用右拳擊甲方胸部，甲下身避讓，同時雙手攬住乙拳隨身下揭。乙或前仆倒地，或猛力向後抽撤，甲隨勢向前靠之，並以左掌穿擊乙腹。

　　【發勁練習】：向下用扭轉下揭之勁。向前用陽靠勁。

（二十七）金雞獨立

　　1.甲乙兩方對立，相距兩步左右。乙方上步，用右拳擊

甲方頭部，甲右手向上掤架，左手切按乙腹，同時用左腳扁踩乙之足脛部。

2.甲乙兩方對立，相距兩步左右。乙方上步，用左拳擊甲方頭部，甲左手向上掤架，右手切按乙腹，同時用右腳扁踩乙之足脛部。

3.甲乙兩方對立，相距兩步左右。乙方上步，用右拳擊甲方腹部，甲用左拳掛攔乙拳，用右手擊乙下頦，同時用右膝頂撞乙之小腹。

4.甲乙兩方對立，相距兩步左右。乙方上步，用左拳擊甲方腹部，甲用右拳掛攔乙拳，用左手擊乙下頦，同時用左膝頂撞乙之小腹。

【發勁練習】：兩種方法，一為用腳，一為用膝。用腳時向上要含勾掛之勁，用膝時要含撞勁。勾掛要有沾黏，膝撞要冷脆。

（二十八）撲面掌

甲乙兩方對立，相距兩步左右。乙方上步，用右拳擊甲方胸部，甲以右掌向左捯搬，進左腳踏邊門，扣住乙之前腳，同時出左掌托按乙之下頦，令乙仰跌。

【發勁練習】：右掌外搬使捯勁，擊乙面用按勁。

（二十九）單擺蓮

甲乙兩方對立，相距兩步左右。乙方上步，用右拳擊甲方頭部，甲向上翻右掌，上掤乙拳，同時用右掌拍擊乙之右肋，並起右腳勾踢乙腳，令乙跌仆。

【發勁練習】：用時要整體配合，發勁穩脆，要配合練習勾踢之法。

（三十）指襠捶

甲乙兩方對立，相距兩步左右。乙方起右拳擊甲中路，甲用左手摟開來拳，同時以併步連枝，搶乙中門，且用右拳崩擊乙之小腹。

【發勁練習】：右拳用崩勁、鎮勁，拳擊斜下 45°。

（三十一）七星勢

甲乙兩方對立，相距兩步左右。乙方上步，用右拳擊甲方頭部，甲雙手交叉上掤乙臂，使乙身拔起，甲進左腳勾住乙足，坐肘掌根發按勁，令乙仰倒。

【發勁練習】：上掤時可加碰撞勁。

（三十二）退步跨虎

1.甲乙兩方對立，相距兩步左右。乙方上步，用右腳踢甲，甲雙手交叉向下做十字攔截，並翻轉左手做勾，自下向上勾提乙足，轉右掌擊乙頦部，翻而發之。

2.甲乙兩方對立，相距兩步左右。乙方上步，用右拳擊甲方頭部，甲雙手将之，同時起左膝擺擊乙之右肋。

【發勁練習】：其一練習反手勾提，其二練習擺膝撞擊。

（三十三）轉身雙擺蓮

乙立甲後，約 2 公尺處，舉右拳擊甲，甲隨轉身，用雙手自左向右上方掤捋，向前跟半步，出左腳叼掛乙腳，同時雙手向前下按發，令乙仰倒。

【發勁練習】：手用掤、捋、按、發四勁配合，腿用叼掛上挑。又一種練法為外擺踢敵面部，再向下蓋踩。

（三十四）彎弓射虎

甲乙兩方對立，相距兩步左右。乙方上步，用右拳擊甲方頭部，甲向左側微閃，翻右拳掛提來拳，進右腳扣住乙前腳，用左拳擊打乙肋，並用右拳回擊乙頭。

【發勁練習】：反手掛提，雙手崩拳。

（三十五）遊蕩捶（烏龍擺尾）

1. 甲乙對立。乙握甲雙腕，甲雙手握拳自內而前翻拳彈抖之，乙則被發出。

2. 甲乙兩方對立，相距兩步左右。甲方上步，用右拳擊乙方胸部，乙用右拳掛之，甲順勢甩右拳，彈抖乙肋（大凡掛拳，均可用遊蕩捶擊之）。

【發勁練習】：練習翻拳彈抖之勁。

（三十六）游龍戲水（剪子手）

1. 甲乙兩方對立，相距兩步左右。乙方上步，用右拳擊甲方下部，甲雙手自左右十字交叉冷脆截之。乙欲鬆勁化甲，甲雙手翻轉，左手握住乙腕向上反拿，右手向下按截乙肘部。

2.甲乙兩方對立，相距兩步左右。乙方上步，用右拳擊甲方，甲以左拳搬開乙手，用連枝步踏邊門，同時用右手點捶乙肋。

【發勁練習】：雙手截腕冷脆，擒拿時注意順其勢，翻轉靈活。

（三十七）簸箕勢

甲乙兩方對立，相距兩步左右。乙方上步，用右拳擊甲方下部，甲雙手叼乙來拳外轉，復轉掌用掌側（小魚際部）合擊乙雙肋。乙撤步閃過，甲急用併步連枝跟進，並托擊乙小腹。乙雙手按住甲手，甲翻轉提拿令乙失重，甲進右腳，跟左腳，連枝步踏乙中門，搓打發之。

【發勁練習】：此勢練習注意用法，招招連貫，叼、砍、托、沾提、搓放，勁勁相連，最後放時可以試用凌空勁。

第五節　吳圖南太極拳功法修練簡介

吳圖南師爺是著名武術家，享年105歲，是近代太極拳界最長壽的人，堪稱太極泰斗。他自9歲起拜吳鑒泉為師，學練架8年，然後又拜楊少侯為師，學用架4年，前後12年盡得真傳。後又廣涉其他門派功夫。「太極拳應敵，在於反應和變化，也就是反覆操練所形成的條件反射。」這是吳圖南師爺常常說的一句話。當時並不完全清楚，後來目睹過

師爺的幾件事，方才認識到這幾句話的重要性。

另外，吳圖南師爺主張習太極拳須修習著功、勁功、鬆功、氣功四種功，他認為用這種方法可以循序漸進、事半功倍。我們遵循師爺四種功的練法實踐證明，只要堅持，就會大有成效。

以下僅將鬆功的一部分介紹給大家，以輔助用架的練習。

太極拳的鬆功是經過修習太極拳後所產生的一種特殊狀態，吳圖南師爺曾著《太極鬆功》一書，其中對太極拳的「鬆」作了精闢的論述。此書各章，對全身各個部位鬆的動作作了詳盡的解說。我們則根據師爺所授，抽出手法、身法、腿法、腳法等方法加以訓練，收到了良好的效果。這裡我們主要介紹一下手法及腿法的練習。

一、手 法

其中包括了掌的點擊推按和腕的鈎、叼、掛、抖、彈等訓練。練習時，可根據個人體質採用馬步或平行步。

（一）點法

馬步或平行步。立身中正，不偏不倚，要求如太極勢，雙手握拳抱肘，然後自下而上、而前伸出右手，掌心向下，五指朝前，高與肩平。而後用五指尖端向前鬆點。吳圖南師爺要求「倏忽輕脆」「一點即回，如針之刺，如雀之啄」。左手亦然。左右手互換，少則五十，多則上百。

（二）擊法

身法如上勢。雙手握拳抱肘，右手自下而上、而前伸出，掌心向下，五指朝前，高與肩平。而後用五指第二、第三節向前擊出。師爺說：「如敲鑼打鼓，一擊即回。」左手亦然。左右手互換，操數如前。

（三）推法

身法如上勢。雙手握拳抱肘，右手自下而上、而前伸出，掌心向下，五指朝前，高與肩平。而後微收坐腕，五指朝上，掌心朝前，外吐勞宮，鬆勁向外推出，一推即回，倏忽輕脆。師爺云：「如推車上坡然。」左手亦然。左右手互換，操數如前。

（四）按法

身法如上勢，雙手握拳抱肘，右手自右而上、而前伸出，掌心向下，五指朝前，高與肩平。掌根下坐，五指向上，勞宮外吐，勁下抑前推，不可遲滯。吳圖南師爺說：「以上練習，久而久之自然會生成一種彈勁，方為成功。」

（五）掛法

身法如上勢，雙手握拳抱肘，右手自下而上、而前伸出，由拇指帶自內而外旋腕翻出，掌心朝上，五指朝前，高與肩齊。而後以腕為軸，用小指引導，餘指隨之，由前而內、而後平掛，以小指接近腕部為度，然後還原。

（六）刁法

身法如上勢。雙手握拳抱肘，右手自下而上、而前伸出，掌心向下，五指朝前，高與肩齊。而後以腕為軸，用小指引導，餘指隨之，由前向後平刁，以小指接近腕部為度，然後還原。

（七）鈎法

身法如上勢。雙手握拳抱肘，右手自下而上、而前伸出，掌心向下，五指朝前，高與肩齊。而後以腕為軸，用小指領先，餘指隨之，由前而下、而後鈎之，以小指接近腕部為度，然後還原。左手亦然，左右互換。

（八）抖法

身法如上勢。雙手握拳抱肘，右手自下而上、而前伸出，掌心向下，五指朝前，高與肩齊。而後攏指作鈎，手背朝上，鬆腕用腕部向斜上方抖出，然後還原。左手亦然。左右互換。

（九）彈法

身法如上勢。雙手握拳抱肘。右手自下而上、而前伸出，掌心向下，五指朝前，高與肩齊。而後攏指作鈎，手背朝上，以大拇指領先，餘指循序隨之，以腕為軸，挑大指自下而內、而上、而外彈甩，然後還原。左手亦然，左右互換。

以上功法在做點、擊、推、按時應注意鬆指吐掌，在做掛、刁、鈎、抖、彈時應注意腕部放鬆。苦練方能收效。吳圖南師爺曾有一段精闢的論述：「鬆功鍛鍊過程，常有各個關節動作不如己意之感，精進不已，漸覺略感隨意，久而久之，方感動作裕如，隨心所欲，處處靈活。」

二、腿 法

其中包括胯法練習、膝法練習、腳法練習等幾部分。

（一）胯法

胯法分前提舉、後提舉、內提舉、外提舉等幾部分。

1.胯前提舉

身法如太極勢。雙手握拳抱肘，步法為平行步。左膝提起，高與胯平（或高與胸平），足趾上鈎，以胯為軸，以足趾引導，自下而上、而前、而下、而後、而上，鬆轉一周，然後還原。

2.胯後提舉

身法如太極勢。步法為平行步。左膝提起，高與胯平（或高與胸平），足趾上鈎以胯為軸，以足趾引導，自下而後、而上、而前，鬆轉一周，然後還原。

3.胯內提舉

身法如太極勢。步法為平行步。左膝提起，高與胯齊（或高與胸平），足趾作鈎，以胯為軸，以足趾引導向裡合膝，自下而內、而上、而外、而上、而內，鬆轉一周，然後

還原。

4.胯外提舉

身法如太極勢。步法為平行步。左膝提起，高與胯齊（或高與胸平），足趾作鈎，以胯為軸，以足趾引導向外擺膝，足趾上鈎，以胯為軸，以足趾引導，自下而外、而上、而內、而下、而外，鬆轉一周，然後還原。

（二）盤膝法

盤膝法分內盤、外盤兩種方法。

1.內盤法

身法如太極勢，步法為平行步。左膝提起，高與胯平（或高與胸平），足趾上鈎，然後左腿伸直，以膝為軸，以足跟引導，自前而內、而後、而外、而前，鬆轉一周，然後還原。

2.外盤法

身法如太極勢，步法為平行步。左膝提起，高與胯平（或高與胸平），足趾上鈎，然後左腿伸直，以膝為軸，以足跟引導，自前而外、而後、而內、而前，鬆轉一周，然後還原。

（三）腳法

腳法分踢、踩、踏、蹬四種練習方法。

1.踢法

身法如太極勢，步法為平行步。左膝提起，高與胯平（或高與胸平），然後繃腳面以大趾領先用鬆勁前踢，一踢

即回，然後還原。右腳亦然，左右互換。吳圖南師爺說：
「如戳物然。」

2.踩法

身法如太極勢，步法為平行步。左膝提起，高與胯平
（或高與胸平），然後足趾上鈎，吐足掌，吸足心，用足掌
向前平踩，一踩即回，然後還原。右腳亦然，左右互換。吳
圖南師爺說：「如踐物然。」

3.踏法

身法如太極勢，步法為平行步。左膝提起，高與胯平
（或高與胸平），然後足趾上鈎，吐足心，用腳心向前平
踏，一踏即回，歸還原狀。右腳亦然，左右互換。

4.蹬法

身法如太極勢，步法為平行步。左膝提起，高與胯平
（或高與胸平），然後足趾上鈎，吐足心，用足跟向外平
蹬，一蹬即回，歸還原狀。右腳亦然，左右互換。

以上僅是太極功訓練的一部分內容，而太極拳是一種以
內為主、內外兼修的拳種。吳圖南師爺不但承傳了太極拳的
傳統練法，而且還對太極拳理論有深入的研究。他對招、
勁、鬆、氣功的四種功以及太極拳要「科學化、實用化、生
活化、普及化」的四化論述，是對太極拳的發揚光大。由於
吳圖南師爺留給我們的是一系列（按層次依次而練、循階而
上）的傳統太極拳訓練方法，所以，我們認為只有先繼承研
究，而後才能談到發揚光大。

第四章

太極拳撮要

第一節 太極學說與太極拳

「習太極拳必先明理」,此乃眾多拳家之格言。然而教練者往往將自己之體會撰寫成論,龍魚混雜,紛紛稱是,一時間孰是孰非令學者難以判別。

著名武術家吳圖南老先生臨逝之前囑余:「人死道不能滅。」余常思之:何不言拳不能滅?仔細斟酌,頓悟師爺所言之道乃太極之道也。言拳小而言道大也。於是乎閱先哲之論,言太極之理豁然開朗矣。習拳必須先明「太極」之理,而後對太極拳方能有深入而全面之認識,然後真偽之論自可鑒矣。

一、太極理論與太極拳

考太極一詞,最早見於孔子作《繫辭傳》中,其文曰:「易有太極,是生兩儀,兩儀生四象,四象生八卦。」虞翻亦云:「太極,太一也。」吳圖南師爺曾釋曰:「太字是大至極點的意思,極字是窮本溯源到了極限。」師爺所說之極者,在中國古代哲學中通常被認為是事物欲變化之前奏。故《黃帝內經》有「寒極生熱」「熱極生寒」「重陽必陰」「重陰必陽」之說。而在這個前奏當中,涵而未分的,正是「易」中之古人認為的「萬物所出,造於大一,化於陰陽」的「太極」。

古人又認為「太極」是天地開闢以前的氣，鄭玄曰：「極中之道，淳和未分之氣也。」

到宋代，邵雍說：「太極為道。」朱熹說：「理為太極。」「人人有一太極，物物有一太極。」周敦頤著《太極圖說》，對太極有了專門的論述，他更明確地將太極說成是無極中的物質，它涵陰抱陽，由於它的運動，產生了陰陽，又產生了五行，以及化生了萬物和生生不息的宇宙。

同樣，中國傳統醫學認為，人體之中同樣涵陰抱陽，其陰陽的發展變化導致了人的生、長、壯、老、已，故而人體也是一個小太極。太極拳的祖師們正是受儒、道兩家「太極學說」的影響，用其闡發拳法養生與技擊的原理。

在清代楊氏傳抄的老譜中就有《大小太極解》，內云：「天地為一大太極，人身為一小太極，人身為太極之體，不可不練太極之拳。」太極拳在宋代以前分別又被稱為「三十七」（許宣平）、「小九天」（程珌）、「先天拳」（李道子）等等。及至宋代，理學盛行，太極學說被儒、道兩教深入研究。大成宗師張三豐也正是在這一時代出生。

據記載，三豐祖師12歲專習儒學，飽覽經典，過目不忘，廣泛接受當世名儒之影響，從而建立了以太極學說為基礎的哲學思想。後又看破紅塵，絕仕入道，雲遊八荒，更得陳希夷弟子火龍真人真傳，遂融會貫通了儒、道對「太極」之認識，將先賢所授之拳法以太極學說系統地加以整理、完善，始定名稱為「太極拳」。

縱觀太極拳法，無論是訓練步驟、動作形態還是用功要領、使用方法，無不與太極之學絲絲入扣。因此，我們欲練

好太極拳，應先明曉太極之道。否則，恐如緣木求魚，終無
所得也。

二、陳摶老祖太極圖與太極功之關係

關於太極圖，據說最早為伏羲所畫，出於河洛之上。此
圖所寓之象，具有「陰陽始終之變」。圖中所示與天體運
行、四時變序有非常密切的關係。在隋唐時期，道教有《上
方大洞真元妙經品圖》，被奉為修練內丹之秘。宋代陳摶老
祖所傳太極圖與其相似，後為朱熹所得，又為周敦頤等人大
加闡發，且為道教奉為至寶。而現在所流行的太極圖僅是陳
摶老祖圖中的一部分。但無論是古今的哪一種太極圖，其目
的都是試圖以圖來表明「太極」的特性——既是對宇宙運動
的高度概括，也是對生命本體最高層次的認識。清代陳夢雷
曾云：「不知圖者，故不得經之原，然不讀全經，亦未能究
圖之蘊。」

練習太極拳是要符合太極圖中的深奧道理，而不是模仿
圖形來走拳架，或甚至於用 S 線來指導形體的運動。其原因
是世間流傳的太極圖只是對其理論高度概括的符號，並不是
前賢們制定的盤拳走架路線。

宋代周敦頤所著的《太極圖說》曾經對陳摶老祖所傳的
太極圖進行了解釋與論述，內云：「無極而太極。太極，動
而生陽，動極而靜；靜而生陰，靜極復動。一動一靜，互為
其根。分陰與陽，兩儀立焉。陽變陰合，而生水火木金土
……五行之生也，各一其性。無極之真，二五之精，妙合而

凝。『乾道生成，坤道成女』。二氣交感，化生萬物。萬物生生，而變化無窮焉。」細研深酌，漸明此圖所示乃練功、練拳的要領和練習步驟。

吳圖南師爺曾說：「太極拳是練後天而返先天的。」吳師爺一語道破要結合此圖練習太極拳的天機。我們知道太極圖中所表示的：無極→太極→兩儀→五行→乾生男、坤生女→萬物化生這一過程，也就是由先天轉化到後天的過程。而我們在練功的時候只須將其步驟反其道而行之，即可了解到太極拳訓練過程的全豹。

首先因人稟賦而異，各以其理接受全面的武術基本功訓練。練拳時切記要自然而然，不要刻意強求，以免出現憋努之病。要依理練習，逐漸產生和順舒展的動作。

其次要講求身體的中正，以《心會論》中要求的腰脊、猴頭、地心為主宰，以丹田、掌指、足掌為賓輔，以求身體的上下中正順遂與氣的上下通貫暢達。久而久之，自然致使三焦條達、坎離交通、水火相濟。

三是透過著功、勁功、鬆功、氣功的各種訓練，找出八門五步的要領，分出身體之尺寸分毫，使全身的肌肉都能隨意。

四是「於剛柔之中，求生剋之機」，練出「綿裡藏針之術」，練就至剛至柔之體。

五是「於動靜之中，尋太極之理」，練成負陰抱陽的太極狀態。

六是「由太極而無極」，無形無象，全身透空，能納敵於混沌之氣中，即能做到知己知彼、百戰不殆。

以上練功步驟恰與太極圖上所畫的過程相吻合。

三、太極圖中的陰陽魚與太極拳的內涵

太極圖標示了事物陰陽之間的變化，其色黑者為陰，色白者為陽，白中有黑者為陽中之陰，黑中有白者為陰中之陽，其 S 線所標示的又是陰陽之間的變化。

太極拳中同樣存在著動靜、剛柔、進退、上下、左右等等陰陽的屬性。由於它們之間的運動和相互轉化，形成太極拳的運動形式和獨特之處。下面就此分述之。

（一）陰陽對立

陰陽是對立的兩個方面，普遍地存在於宇宙萬物之中。如上下、前後、天地、寒熱、水火、男女等等。人體亦然。《素問‧金匱真言論》云：「夫言人之陰陽，則外為陽，內為陰；言人身之陰陽，則背為陽，腹為陰；言人身之臟腑中陰陽，則臟者為陰，腑者為陽……」

然在太極拳中，舉手投足無不包含陰陽矣。如就狀態而言，動者為陽，靜者為陰；就勁而言，剛者為陽，柔者為陰；就動作而言，進者為陽，退者為陰；向上為陽，向下為陰；仰者為陽，俯者為陰。就勁氣循行而言，陽經（陽維、陽蹺、督脈）為陽，陰經（陰維、陰蹺、任脈）為陰。無論練功、盤拳、打手都要有虛實、開合。

如《太極拳論》云：「太極者，無極而生，陰陽之母也。動之則分，靜之則合……」在太極拳的操練與應用中若

無陰陽之分，或只具備其中一方而缺少另一方，就達不到陰陽相濟，那就成為雙重之病了。故《太極拳論》中云：「欲避此病（雙重之病），須知陰陽……陰不離陽，陽不離陰，陰陽相濟，方為懂勁……」

（二）陰陽互根

在中國古代，哲學家和醫學家們認為，陰陽是對立的兩個方面，同時它們之間又是互不可分的統一體。換句話說，它們之間有著相互依賴的互根關係。邵雍曾說過：「陽不能獨立，必得陰而立，故陽以陰為基；陰不能自見，必待陽而後見，故陰以陽為唱。」在太極圖中黑中有白、白中有黑也同樣表明了這一道理。

具體到太極拳，也是非常強調陰陽互根的。如《太極拳論》中告訴大家欲避免雙重之病，就得「陰不離陽，陽不離陰，陰陽相濟」方可。

《太極拳用功秘訣》亦云：「有上即有下，有前即有後，有左即有右，譬如要向上，即寓下意，若將物掀起而加以挫之之意。」在體用之中，太極拳還要求「靜中觸動動猶靜」「收即是放，既而復連」，應敵時更需要虛中有實、實中有虛、剛柔相濟，才能穩操勝券。

（三）陰陽消長

在陰陽變化中，其相互消長是非常重要的，這一點在太極圖的 S 線中就能充分地體現出來。如用太極圖解釋一天中的陰陽變化，則正午為陽中之陽，黃昏為陽中之陰，子時為

陰中之陰，平旦為陰中之陽。由其漸變方式可以看出，陰陽的變化是要有一個發展過程的。

觀察太極拳在完成每一個動作時，同樣包含著這樣一個變化過程。如以摟膝拗步一動為例，設定左腳在前虛丁為虛、為陰，右腿在後下坐為實、為陽；左手下按於襠前為實、為陽，右手置於耳側待發為虛、為陰。然後右腿下蹬，左腿前弓，左手摟至膝邊，右手推至胸前，其虛實陰陽隨動作而更換。這一消長過程在太極拳中被稱之為「往復須有折疊，進退須有轉換」。而其轉換過程，在練習時為了加深體會，個人認為最初以慢為宜，然應敵之時，則必須以「動急則急應，動緩則緩隨」為好。

（四）陰陽相對穩定

古人認為，陰陽的相對平衡是萬物及人體存在的關鍵。兩千多年來，古人在《素問‧生氣通天論》中強調：「陰平陽秘，精神乃治。」這就是說，陰陽的平衡是保持人體內環境正常的根本因素。然而，在太極拳練習中，陰陽的相對穩定則體現在中定之中。

在《太極拳論》中講到陰陽（動靜、開合等）要「無過不及」，要「中立不倚（即所謂的動態平衡）」。在太極拳中有八門五步之說，其五步中有進、退、顧、盼、定之法，而在五步裡以中定最為重要。

這是因為中定是在動靜、剛柔、開合、虛實等陰陽的變化裡始終要保持的一種相對平衡的狀態。換句話說，所謂中定，就是在練習太極拳時保持陰陽相對的穩定，是我們在練

習太極拳時做到中正安舒的關鍵所在。

（五）陰陽無限可分

在太極中陰陽是變化的，同時也是無限可分的。邵雍說：「太極既分，兩儀立焉……八卦相錯，然後萬物生焉。是故一分為二，二分為四，四分為八，八分為十六，十六分為三十二，三十二分為六十四……合之斯為一，衍之斯為萬。」《素問・陰陽離合論》亦云：「陰陽者，數之可十，推之可百，數之可千，推之可萬，萬之大不可勝數，然其要一也。」我們在練習太極拳時先要求陰經啟動，或陽經啟動，再按尺寸分毫不斷分解，直至向吳圖南師爺在《太極拳打手法》中所說的那樣，「全身各部均能發現一種反射運動，自頭至足，無一處不輕靈，無一處不堅韌，無一處不沉著，無一處不順遂，通體貫串，絲毫無間。」「一處自有一處虛實，處處總此一虛實。」馬有清老師進一步說明，練習時要坯、條、塊、點地逐漸推求，以達到「處處總此一虛實」的階段。然而，若想練到如此境界，就必須堅持不斷地修練太極功和太極拳。

四、太極是無極中昭然不昧的本體

和其他武術一樣，太極拳也講「內練一口氣」，只不過是更加突出而已。這從《十三勢歌》中所說的「意氣君來骨肉臣」，就能得到充分的證明。然而，氣是太極功中高層次練習方法。太極拳在談到用氣時要求「氣分陰陽，機先動

靜」，講究在應敵時必須處於動靜未分、陰陽未判、剛柔相濟、神斂氣聚的狀態。這種狀態與宋代張載在《正蒙·三兩篇》中所講的「一物兩體，氣也」類似。

又由於氣中具有「浮沉、升降、動靜、相感之性」，故曰「一物兩體，其太極之謂歟」。因此，我們也可以把太極拳的應敵狀態稱之為「太極態」。

三豐祖師曾對陳摶老祖的太極圖解釋道：「順則人，逆則仙。」所以，以後有人又把陳摶老祖的太極圖稱之為無極圖。在太極拳中也有人認為：「無極，是太極拳修練的最高級階段。」「無極而太極」是宋朝周敦頤所云。吳圖南師爺曾強調：「他為什麼不說無極生太極呢？因為任何事物都不能無中生有。無極而太極就是在無極裡面含有一個昭然不昧的本體，這個東西就是太極。」

前賢們也認為，「太極」是天地開闢以前的「極中之道，淳和未分之氣」。在《學太極拳須斂神聚氣論》中有這樣一段精闢的論述：「學者須於動靜之中尋太極之益，於八卦五行之中求生剋之理，然後混七二之數，渾然成無極，心性神氣，相隨作用，則心安性定，神斂氣聚，一身中之太極成，陰陽交，動靜合，全身之四體百脈周流通暢，不黏不滯。」

從這裡不難看出，經過一番脫胎換骨的苦練之後，由太極進入無極狀態，陰陽交，動靜合，太極的本體依然存在於無極之中。可見，無極與太極不是截然分開的，更不能說用無極打太極。

那麼，無極的階段是什麼樣子呢？李道子曾秘授俞蓮舟

「先天拳」口訣曰：「無形無象，全身透空；應物自然，西山懸磬；虎吼猿鳴，泉清河靜；翻江播海，盡性立命。」

吳圖南師爺曾嘆曰：「進功之階，始於無形無象，繼之全身透空，終於應物自然，名為先天。」

我個人認為，這表明了太極拳中的無極狀態，是陰靜虛空的，是氣化的。太極以這種狀態作核心，意氣相合，全體鬆透，如鬆臨風；其著、勁、氣渾然不分，自然而然，內氣能靜如止水，外氣可播海翻江；其靜則明察，其動則變化。能納敵於混沌之氣中，探彼動靜，發於機先；用未分而打分，用不動而打動。這就是太極拳中所謂「無極而太極」和「捨己從人」的實用之所在。

我們依照太極之理而練太極拳、太極功，並堅持不懈，就能收到豐碩的成果。在技擊方面如此，在健身長壽方面更是如此。正如吳圖南師爺所說的：「太極拳者得之……盡心養怡，不流於虛無，長春永壽，斯可得矣。」

第二節　太極拳體要簡說

前人稱太極拳是知覺運動，其原因在練習太極拳、太極功時要不斷地、充分地去尋求自身的體感。然而產生體感的第一個條件就是練拳練功時姿勢要準確。古人對於怎樣掌握正確的姿勢和尋求正確的體感，早就有過精闢的論述，如宋譜中有《心會論》《十六關要論》等，後世又有《十三勢行功心法》等專門論述。下面僅就個人的體會簡要述之，供大

家參考。

（一）虛領頂勁

虛領頂勁，又稱「虛靈頂勁」。我認為，一般應「虛領頂勁」在前，待久而練成「神貫頂」後自然成為「虛靈」的狀態。

1.練拳時要完全用意引導，切勿用意太過或使用僵勁，以免造成頸項強直的弊病。體會要充分地在「虛靈」上下工夫。

2.要用意微微裡收下頷，這樣能充分地加強頸椎關節的鬆開與中正。

3.頭在百會穴處微微以意上領，如有繩懸之狀。

4.切忌頭部歪斜，否則就會失去練習時的「中正安舒」。

5.做好虛領頂勁以後，精神才能提得起，才能做到「神貫頂」，才能做到「虛靈頂勁」。

（二）立身中正

1.練拳時應該頭頂端直，正容平視，「神凝於耳」（似聽非聽，其練習目的主要是練習覺的功夫），舌尖抵於上腭發兒音處。

2.雙肩在練拳的時候要端正，切忌有高低、前後的傾斜，方能維持身體的中正。

3.腰部關節要鬆開，並要體會自身節節貫串的感覺。切忌向下懈墜。腹部要放鬆，但不能凸肚。一般講，只有鬆

腹，腰才能做到放鬆。

4.「尾閭中正」是立身中正的關鍵所在。《心會論》中稱猴頭、腰脊、地心為三大主宰，也就是要用百會、尾閭、湧泉的垂直，來保持人體的重心（當然，練到高級的層次時會有更深一級的解釋）。在練拳時身體要中立不倚，無前後俯仰，無左右歪斜，腰部要隨臀而下，狀如端坐。因此，進、退、顧、盼、定都能做到尾閭中正、支撐八面，才是立身中正。

（三）氣沉丹田

1.息之於鼻，舌抵上腭，以鼻呼吸，其呼吸要深、長、細、勻；忌淺、短、粗、快。

2.腹內鬆靜。腹部放鬆，呼吸出於自然，腹部勿僵、勿努，使深、長、細、勻之息，自感如絲如線納入丹田。

3.呼吸自然，切忌用意控制太重，以免造成各種不良後果。

（四）涵胸拔背

「涵胸拔背」是內家拳共有的特點之一。應注意的是兩者都要用意引導，但勿太過。

1.「涵胸」，吳圖南師爺認為「涵」是涵蘊，不挺不凸之意，所以在練拳時胸部保持自然狀態，不做挺胸動作即可。

2.「拔背」，是指在練拳時，用意將肩部向兩側鬆開，有如撕布狀。

完成這兩個要點，就能使氣、勁得以順利運行，收發自如而無阻滯。但要注意切勿太過，造成伸頭、哈腰、弓背的樣子。

（五）沉肩墜肘

1.「沉肩」，就是要做到肩部自然放鬆，站立和動作中不要端肩。有人說「肩部下沉有落地感」，這話也不為過。這是一種練者自身的體會，我們也可以借此來調整自己。在盤拳（即練拳）中往往有手出與肩平的動作，這時應該鬆沉兩肩，不要用拙力，致使肩部肌肉緊張，從而出現兩肩高聳或兩肩高低不平的現象，這樣既影響勁、氣的傳遞，又影響身體的平衡。

2.「墜肘」，是要肘部自然下垂，肘尖內緣直對脅肋外側。要用意而不太過，用架中有「肘不離肋」之說，故切忌在練拳時肘部高抬、外張，以免用時腋下被人所乘。

3.我們知道，在練拳時如果哪個關節僵住，其勁、氣的運轉就要受到阻礙。所以，練拳時要求拔背、沉肩、墜肘，都是為了能讓勁、氣在腰脊至肩、臂、肘、手掌這些關節處暢通無阻地運行。又由於肘部是上肢的中節，意、氣、勁的順利通行與否，與之有著十分密切的關係，所以，墜肘也是關要之一。

（六）裹襠護臀

1.「裹襠」，是用意鬆開髖關節，使兩股內側有外撐之意。

2.「護臀」，是指無論練拳還是練功，臀部都不要外凸，而是要沿尾閭下垂，以保持人體中正安舒。

（七）展指凸掌

對於初學者，要求在推掌時要展指凸掌。凸掌是在推掌的同時，將勞宮穴外吐，使勁、氣透掌而發。展指，就是在每掌推出或下按時要將五指鬆開，以使勁、氣可達指梢。練習正確，日久功成，自然能夠做到「手運八卦」，即《十六關要論》中所說的「運之於掌，足之於指」。

（八）胯要折疊

胯是連接下肢與軀幹的至要之處，身法、腳步之轉換，重心之變移，都與胯有關。在盤拳、練功時，胯的折疊是在身法變化中維持身體穩定的關鍵。所謂胯的折疊，是在做動作時要鬆腹收胯，切忌挺肚揚胯。只有胯部練得圓活以後，雙腿的虛實變換自如，才能收到期待的效果。

（九）縱之於膝

1.膝部是縱跳與閃展騰挪的關要，應在動作時注意提舉收放，輕鬆靈活。忌膝部僵直而失柔韌，使腿部動作僵硬，如此就虛實難分了。

2.弓步時，膝部的垂直度不要超過腳尖，以免失重。

（十）蹬之於足

1.腳踩於地上要五趾分張鋪之於地，重心應自湧泉灌注

於地下，身體才能穩固。

2.如若讓勁、氣上行，則要蹬之於足、行之於腿、縱之於膝、通之於腰脊、經之於臂、過之於肘、運之於掌、達之於指。即所謂「根起根落」也。

3.老一輩拳家所謂的「腳踩五行」，意即結合周身意、氣變化，腳下所踩的虛實亦有相應的變化。久而久之，腳下的變化，就能帶動周身意氣的變化。

以上是太極拳對人身體各部分的要求，練習時一定要非常注意，亦是練拳時用意所在。

第三節　太極拳中的中定

「中定」是太極拳十三勢中非常關鍵的環節之一，一般認為推之不去、挽之不移謂之中定。如果更深入地加以體研，我們則會感到中定是十三勢的核心。因此，可以說沒有中定就沒有十三勢。

我們在初學太極拳時，老前輩們就常常講要「中正安舒」。這裡所講的中正就是要立身中正。然而，做到立身中正，首先是取決於主宰的設定。《三十七心會論》中云：「腰脊為第一之主宰，猴頭為第二之主宰，地心為第三之主宰。」腰脊是維繫人體重心的中心軸，它的傾斜可造成人的失重和跌仆，故《十三勢行功心法》中稱「腰為纛」。

同時我們在做發勁的動作時，腰脊又是承上啟下的樞機所在。腰脊處的散亂，勢必造成勁、氣收放上下不能完整一

氣。因此古人在《十六關要論》中提到的第一個關要就是
「活潑於腰」。

這裡所講的「活潑」主要是其所起的「承上啟下」和
「樞機」的作用。《太極拳用功秘訣》中所說的「其根在
腳，發於腿，主宰於腰，形於手指」，講的也是這個道理。

對《三十七心會論》中講的「猴頭」有幾種認識，其中
之一是指人的頭頂。頭占人體重量的六分之一，所以，頭若
不正就會影響重心的穩定性。因此，在練拳之初一定要注意
做到虛領頂勁，即頂頭懸。對於虛領頂勁的要領，吳圖南先
生曾講：「要裡收下頷，僅以意微微領之，切不要太過，頭
頂百會處若有繩微微上提，切不要刻意上頂。以免用意太過
造成頸項強直之弊端，故稱之為虛領。」如果做到頂頭懸，
自然而然也就做到頭面中正，面容端莊，神凝於耳了。

《三十七心會論》所講之「地心」，是人體要通過湧泉
穴與地心連接。「湧泉」是經氣自本穴而上行，狀如泉湧之
謂也。《拳經》云「其根在腳」。鄭曼青先生也說過：「湧
泉無根腰無主，力學垂死終無補。」因此，在練拳練功時首
先要求立足穩定，鬆鋪五趾，意以湧泉穴為中心，向下、向
外擴展，如樹盤根紮於地下。同時動作轉換、勁氣發放，也
要以湧泉穴為基點，做到「根起根落」。

綜上所述，猴頭、腰脊和湧泉乃三大主宰，無論進、
退、顧、盼、定全應在一條直線上，猶如有一條無形的軸，
連結著所謂的「天盤」「地盤」和「人盤」，在練習中始終
維繫著人體的中正。

我們在軸心設定以後，就可以逐漸地開始更進一步地去

體會中定了。吳圖南師爺每每依照傳統教練法，首先要教學生以定勢，也就是每一動要停頓二至八息。目的是訓練學生底盤功夫，同時也能讓學生有時間充分地按「太極拳要領」去調整自己，從而在練習中更能深入地去體會動作要領，較容易找出太極拳的體感。

初練定勢時，我們要注意在每一拳勢擺到位後定住，中心軸要設好，樁要紮穩，再從頭到足逐一地進行自檢，看其是否符合太極拳各項要求了，若沒有做到，要及時調整、體會。然後再以本體為中心，繼續找出上、下、左、右、前、後六個面，進行大小由之的練習。久而久之，自能鬆沉穩重、中正安舒、支撐八面，練就一身推挽不移的整體的「中定功夫」。

但是，我們說僅僅找出全身的整體中定還不夠，還要用意念不斷地對全身進行分解，分別去設定面、段、條、點的中定。如以一臂為例，向前伸出後，自然就有前、後、左、右、上、下六個面；有上中下三節（即段）；有縱向分的若干條。假如我們再將這些條加以密集的橫切面分，就會變成愈來愈小的無數個點。能做到以某個點為核心的中定，方能產生點的十三勢變化。這樣隨著對整體中定的不斷分解，在勢的中定裡，勁的中定就漸漸地產生了。同時，太極拳的鬆靜也就應運而生了。

我們不但要在太極拳的定勢中尋求勢的中定，而且在勢中定的基礎上，還要在運動之中應用以上的方法，去加深體會面、段、條、點的中定，以及與其相應的十三勢變化。因此，鄭曼青先生曾云：「中即時中，定無常定，不失中定，

是為定力。」在動作中，全身各部位的轉動都要有一個軸心，這個軸心就是勢中的中定。

而在掤、捋、擠、按、採、挒、肘、靠，前進、後退、左顧、右盼中也要體會以中定為軸心，這樣才能達到勁的中定。當然，這是在練拳中較難掌握的。

舊譜《太極圈》歌訣中所云「所難中士不離位」和「此為動功非站定」，即指此而言。如果想要掌握它，則需我們堅持不懈，反覆練習，反覆體研，正如吳圖南師爺所說的「而其要則在乎練」。

也許有人說：練到李道子先師所講的「全身透空，應物自然」的境界時，還有中定嗎？我們說太極是一個無限可分的本體，中定當然也是無限可分的。同時，太極拳理論又與太極學說相通，因此，即使太極拳練到「無他無我，虛空粉碎」的高級階段，依然要有中定這個核心，只不過那是氣的中定和神的中定。

前面引用過《三十七心會論》，其中談到猴頭、腰脊、地心為三大主宰，手指、丹田、足趾為三大賓輔。這裡面三大主宰講的正是內氣的養蓄，而三大賓輔講的則是外氣的運使。這裡面的中定，境界恰恰符合先師們所講的「泉清河靜」了。只有保持靜定，做到「泉清河靜」，才能不斷透過體感昇華自身的功夫，才能在應敵時用自身的各個感官去「聽」，從而感覺對手的動態，了解對手的一舉一動，並做出自然而然的反應。這也就是吳圖南師爺所講的遠距離感覺，所謂「守之以一，處之以和，無形無象，應物自然，大有納敵於混沌初開之玄氣中者然」。

第四節　太極拳中鬆的概念

大家都知道，練習太極拳，最主要的就是一個「鬆」字。然而對於「鬆」，有些人理解得並不透徹。在前幾天曾有一位先生打電話問我，吳圖南先生如何用鬆將對方摔倒。我對他說：「鬆不是招數，而是由鍛鍊以後所形成的一種貫徹太極拳始終的狀態，一種能讓太極拳著、勁、氣發揮得淋漓盡致的狀態，而不是和對方接手時，我怎樣一鬆對方就站立不穩了。把『鬆』簡單地理解成為招勢，這種認識是不對的。」

也有人認為，「鬆就是軟和不用勁，若彼勁來，我則退之，待其勁惰」。應該指出，這種方法是「懈」而不是「鬆」，這種做法在推手中往往會形成四病中的「癟」。

那麼，鬆是什麼呢？「鬆」是練習太極拳的必要條件，馬有清老師更明確地說，「鬆是太極拳的靈魂」。

吳圖南師爺對「鬆」曾作過一番重要的描述：「鬆者，蓬鬆也，寬而不緊也，輕鬆也，放開也，輕鬆暢快也，不堅凝也，含有小孔以容其他物質之特性也。凡此種種，皆明示鬆之意義也。」我結合自己多年練習體會到：師爺所說的「蓬鬆」，是指透過鍛鍊以後所形成的一種貫徹太極拳始終的狀態，一種能讓太極拳著、勁、氣發揮得淋漓盡致的狀態。而「輕鬆、放開、輕鬆暢快」是指練太極拳體用的表現。

　　另外，「不堅凝、含有小孔以容其他物質」是練習太極拳到高級階段時自身的體感。而這三者都必須經過長時間刻苦的鍛鍊才能上身的。

　　我們練習太極拳為什麼要具備蓬鬆的狀態，這種狀態又是如何練就的呢？我們在練習樁功時以自身為基準，找出前、後、左、右、上、下六個面並先近後遠地去擴大範圍，漸漸在身外形成一個大小由之的圓球。馬有清老師曾說：「鬆像一朵怒放的花，未開則不及，過之則敗懈。」太極拳名家武禹襄曾用敷、蓋、對、吞來闡述氣的用法。

　　我體會如果沒有蓬鬆的狀態，應用這四字訣也就無從談起。經過系統訓練後，以蓬鬆狀態應敵對待，能夠加大自身前、後、左、右、上、下六個面的感應範圍，相對而言，是能加強我們在「對待」時聽勁的敏感度。更進一步說，可以在對方將發未發之際，明瞭對方的動靜虛實，從而掌握「發於機先」的時機。

　　但蓬鬆的概念並不僅限於聽勁，用勁、用氣更要用這種狀態應敵，如離空勁、凌空勁等也全都是以蓬鬆的狀態來作基礎應用的。

　　輕鬆、放開、輕鬆暢快，是指我們在太極拳練習中，一定要經過武術基本功與鬆功的訓練，使我們身體各部的關節、肌肉無論是柔韌性還是靈活性都得到了加強，各種動作做起來輕鬆自如。因此，做動作時，肌肉的緊張程度也相應地降低，然而用意的程度卻相對地加大。我們體會這是吳圖南師爺所說的「輕鬆」和「放開」的本意，也是《拳經》裡所講的「用意不用力」。

　　其所謂的不用力，並非全然無力，而是不用拙力。因為人體的任何動作，都必須依靠肌肉、關節的運動才能完成，而且各種臟器的功能同樣需要不隨意肌的運動來推動。所以，人體在運動中完全做到用意不用力是不可能的。只有在關節、肌肉的柔韌性增強的基礎之上，減少肌肉的緊張度，加大用意度，做到用意不用拙力，這樣既可以讓全身經脈通暢，氣血往來流利無阻，練習者意、勁、氣的行走亦不受阻滯，繼之，我們可以以意行氣，使氣貫手指、氣貫腳背、氣貫任督、氣行經緯，即所謂「行氣如九曲珠，節節貫串」，意、氣、勁行走，隨心所欲，無往不至。

　　對此，杜育萬先生曾記蔣發所傳歌訣一首，描述甚是貼切，歌云：「筋骨要鬆，皮毛要攻，節節貫串，虛靈在中。」由以上的練習，逐漸使與生俱來的本力變換成太極拳所特有的「太極勁」了。這就是太極拳家們所講的「換勁」，也是吳圖南師爺說的「太極勁者，學力也」的意思。

　　「不堅凝」和「含有小孔以容其他物質」，是說我們在練習太極拳時不只是找自身裡面的感覺，還要由對蓬鬆的認識，加大身外意的感知。否則，知覺運動拘束於己身不能放開、不能蓬鬆，也不能真正達到鬆的境界。如果經過太極拳的特殊訓練可以促使人的毛孔開放，使人體的體呼吸加大，再用意加以引導，既能順利地令勁、氣臨皮，同時兼用面、段、條、點的無限可分法，人自會有「含小孔以容其他物質」之感。換言之，即進入「虛空粉碎」「全身透空」的境界。

　　若以此應敵，自可做到「一處自有一處虛實，處處總此

一虛實」，可使蓬鬆狀態加大，而能「氣分陰陽，機先動靜」，做到後發先至，甚至做到發於機先。

對於鬆的練習也不是一蹴可幾的。吳圖南師爺曾將鬆之練習分成三個階段，並將這三個階段用風吹三種樹的狀態來形容。其一是「大風吹柳，枝條搖動，呼嘯有聲，任其搖擺而根不拔」。其二是「風吹白楊，枝葉作響而本不動」。其三是「風吹松柏，寂然不動而體氣和平」。這三種狀態隱喻在練習鬆功時的三個階段、練習效果以及鬆與中定的關係。

第一階段要鬆筋骨。人體關節運動並非完全如己之意，年齡稍長者和缺乏運動者更是如此。若要做到鬆筋骨，首先就要鬆關節、韌帶。關節靈活、韌帶柔韌性增強，從動作上方能返兒時之自然。

吳圖南師爺經常講：「剛出生的小兒，能自然而然地將小腳放入嘴中，是先天筋骨柔韌的關係。後來因為種種原因，筋骨的柔韌性退化了。所以要練後天返先天，最先應加強筋骨的柔韌性。前人說『不怕力大一石，只怕筋長一分』。」透過太極拳、太極功的鍛鍊，使韌帶、關節放鬆，久而久之，即能做到運動自如。

正如吳圖南師爺所說：「練習既久，上、下、左、右、前、後能鬆展裕如，有如常山之蛇，擊其首則尾應，擊其尾則首應，擊其中則首尾俱應。呼應靈活，動作自然，有返其天真之妙。」

另外，只有關節、筋骨放鬆，方能做到前面所說的換勁，動作方能柔韌而順遂。防禦時則能做到重力不接；發放時則能做到撒手，使對方在被發的一瞬間一無所助。

　　第二階段要鬆肌肉。只有透過正確的太極拳、太極功訓練，全身如意肌便能使用自如，只有周身每一組隨意肌全能隨意活動，而不牽動身體其他部位時，應用上才能做到「一處自有一處虛實，處處總此一虛實」。如對方推按我肩，我僅用肩的接觸點迎之，用這一個點的十三勢來對待變化，其他各處則不受牽動，即吳圖南師爺說的「一處受警，該處立即反射以應之，其他各處不受牽連，周身各點，均能反射，亦即處處是手，不單靠兩手兩足也」。

　　第三個階段要注意鬆氣。只有氣鬆，方能氣遍周身，而無滯重之處，血脈往來流利，通暢無阻，氣蓄養充足，正氣浩然，自能蓬鬆外溢，形成一種外氣場。外氣要攏聚勿散，又形成一個無形的氣罩，我想即前賢所講的「西山懸磬」之意吧。

　　在此罩中，遠距離感知能力自然加大，勁、氣收放自如，從而達到虛靈透空、應物自然的狀態，方能掌握太極拳離空、凌空等高層次的內容，否則就是高層次的空談。

　　又因為從鬆與十三勢關係上來講，兩者是相輔相成的，做好鬆是為了使十三勢發揮更強的作用，鬆是體現十三勢的基礎，中定則是其核心，吳圖南師爺所談的「根不拔」「本不動」「體氣和平」，都是指中定而言，所以，脫離中定去談鬆和脫離鬆去講中定都是毫無意義的。

　　太極拳練習者如能經過脫胎換骨的太極拳、太極功訓練，真正做到鬆的話，自能如吳圖南師爺所說的「周身無一處不輕靈，無一處不堅韌，無一處不沉固，無一處不順遂，通體貫串，絲毫無間」了。

第五節　吳圖南先生的太極勁

太極泰斗吳圖南先生對武術的貢獻和太極拳的造詣，在國內外是有很大影響的。凡曾見過他推手，或親身體驗過與他推手的人，無不為之驚嘆。

我自弱冠始即與吳圖南先生練習太極拳，二十年來，幾乎每次見面都要與師爺摸摸手，還和師爺一同參加過「首都首屆武術家座談會」等大會，並一同表演過推手。我曾被師爺摔打過無數次，雖然因生性愚鈍，對其領悟甚淺，但對師爺的太極勁卻感受頗深。

吳圖南師爺常說：「所謂太極勁乃學力也。」就是說我們與生俱來的或透過鍛鍊而產生的力，一般稱之為本力，而由太極拳或太極功訓練所產生的特殊的力，我們則稱之為太極勁。

師爺在打手上講招打、勁打、氣打、神打四種打法。招打就是按照太極拳的動作、招勢應用打擊對方；勁打是應用太極勁發拿打化；氣打是應用太極氣功來控制打擊對方；神打即凌空勁，在特定的情況下用神氣的變化在一瞬間令對方跌出。

記得剛剛練習太極拳用架時，我常常到師爺家裡，請師爺講每招每勢的用法。一次師爺給我說提手上勢的用法，當時師爺家住在一間四米來長兩米來寬的小屋裡。我和師爺站在屋門口，我用右拳猛擊師爺胸部，師爺出手將來拳封住，

我隨之想掛住師爺的手，再圖進招，不知怎的反被師爺翻手捌得懸了起來，又覺得胸上部被搓了一下，人竟被打得雙腳離地飛了起來，「砰」的一聲，後背撞在兩米以外的牆上，一頓，然後又滑落到牆根置放的單人床上，呆坐了好一會兒人才回過勁兒來。後來師爺說這一擊本應在頦下，因為怕我受傷才中途改了道兒。

過去有人說：「打人如掛畫」，我想一點兒也不假。近來太極拳界有許多人認為，太極拳沒有或者不講招法的應用，並將其貶為低級無用的，我個人認為，這是十分錯誤的。武術之所以產生，開始所求就是招法的應用及其變化。故而招功是除各種拳類所特有的功法之外，應用時所必須具備的功法，這是所有拳種具有的共性。對此吳圖南師爺非常強調要「由著熟而漸悟懂勁」。

勁打是師爺所提及的第二種打法。

太極拳的勁種類很多，其中一大部分是需要單獨反覆操練的，而另些則是需要在架子裡反覆體會的。師爺說：「招勢是方法，而勁是變化，方法有窮盡，而變化無窮盡。」「一定要把招和勁的變化，練成條件反射。」和師爺推手，感覺其變化之快、空靈輕脆，是無人能及的。

有一次，我和師爺等幾個人，一起到積水潭醫院去找化驗室的李先生。講起推手，師爺興起，即讓我和他推手。被發出去幾次以後，我猛然握拳向師爺腹部打去，師爺未用手攔擋，我只覺得右拳如擊敗絮，心中一驚，接著又感到一種輕柔的勁反了回來，再想變化已經來不及了，我整個人「轟」地一聲向後飛去，撞到牆上。不想這裡是木質隔斷牆

（兩層木板），因被發的慣力太大，牆被撞破，整個人竟鑲進牆裡，屁股坐到另一間屋裡。

大家嚇得大叫了起來，一面七手八腳地把我從牆裡「挖」了出來，一面忙著叫來人修理牆壁。師爺勁的變化多得不勝枚舉，這只是無數次中的一次而已。

氣打是師爺所說的第三種打法，這是在練習太極氣功之後，能做到古人所說的「人不知我，我獨知人」的程度，方能使用之。它在使用時，一種是鬆靜地用遠距離感覺去探知對方虛實動靜，另一種使用自己的呼吸去控制對方的呼吸。然而在使用時必須要結合其他打法，才能穩操勝券。師爺曾開玩笑說：「我除鬍子和眼珠不能打人，別處都可以。」事實也是這樣。

在師爺九十多歲時，有一次我到老人家裡去。師爺很高興地說：「小子，我技癢了，咱爺兒倆來玩一會兒。」師爺何不知我幾日不挨師爺摔身上也有些不自在。於是兩人就在屋裡推了起來，打了幾下輪兒之後，我雙手占住裡圈，直奔師爺前胸按去。誰知老人竟不遮不攔，用胸向前輕輕一迎，我只覺得用出的勁被激蕩而回，喉嚨像被捏住，一股氣憋在胸腔裡突然炸開，被碰得向後飛去。我後面就是窗戶，外面是九層高的樓。一時情急，後腿忙用力向牆根蹬去，只聽「喀嚓」一聲，我的一條嶄新的的確良軍褲被震得由褲襠至褲腳分做兩片，腳上的「懶漢鞋」後跟也幫、底分家了。師奶一面埋怨師爺，一面幫我縫褲子。師爺卻笑著說：「沒想到你用這麼大勁，嘗嘗這截氣滋味兒怎麼樣。」我也打趣地說：「人還經得住，就是鞋得趿拉回家了。」一句話惹得師

爺、師奶大笑了起來。

另外，師爺還常常似接非接地順著你的來力空開，以至你的氣不由自主地提到嗓子眼兒，使人騰空向前翻去。

這一點看來容易，其實非要控制彼之呼吸和掌握「人不知我，我獨知人」的奧妙不可。要掌握這些奧妙，就得下脫胎換骨的工夫。

至於師爺所說的神打，也就是凌空勁。有關凌空勁說法很多，同時也有些人學著樣子做，並稱這是用自己意念控制對方意念的打法。我也看了一些人的演練，感到和師爺所演講的大不一樣。師爺在近百年前，從少侯先生學得凌空勁時曾賦詩一首，裡面詳細地談了修練過程和其用法。

其詩曰：「露禪班侯夢祥間，三世心傳凌空難。我今道破其中秘，洞徹全豹反掌間。只因傳工皆口授，未嘗公開告世人。且幸恩師多奇重，教我其中步驟全。我今說明其中義，節省時間又便傳。先須啄勁練到手，再練盪勁不費難。離空諸勁都學會，哼哈運氣亦練全。彼此呼吸成一體，牽動往來得自然。此時再學凌空勁，堅持工夫一二年。手舞足蹈隨心意，至此方叫工夫完。」

由此可見，凌空勁不單是用意念的問題，而是一種經過刻苦訓練的結晶──用自身的遠距離感覺去探知對方，並用自己的神氣去控制對方⋯⋯

有一次，我們在天文館，師爺看看四周沒有人，笑著一理鬍子說：「這會兒沒人，讓你嘗嘗足的。你先活動活動。」我心裡盤算，常挨摔還活動什麼。便隨口說：「剛才活動半天了，現在來吧。」誰知剛剛一搭手，師爺輕輕一

採，我還沒來得及變化，人已被發得騰空摔出一丈多，躺在地上還向外挫出很遠，後背肩膀的衣服全破了，皮肉也出了血。

我跳起來跑到師爺面前，沖著師爺伸手就是一下。師爺盯著我，前手十指朝前一探，我心裡忽悠一驚，就覺得氣沖到喉頭，人也腳跟離地懸了空，又感到腰間被人托了一下，眼前一片空白，人竟從師爺肩頭飛到身後，我急忙藏頭縮背一個翻滾躺在地上，半天才緩過勁兒來。

這種從肩頭扔到身後的打法我只挨過一次，也從沒再見過。師爺說過，「凌空勁也叫失驚手，是雙方剎那間勁、氣、神的組合，應用是要條件的，抓住時機，在一瞬間用神拿打對方，方能奏效，若你給瞎子使凌空勁就沒用。」

曾經聽過這樣一個故事：露禪先生教漪貝勒（後來的端王載漪）時，一天他們出城去遊獵，漪貝勒騎馬在前，他年輕氣盛想試一試露禪先生，於是回身舉鞭，不料露禪先生雙目吐神，手向前一揚，竟將漪貝勒嚇得翻身落馬。

由這個故事，我們也能對凌空勁多一分了解。至於那些所謂能用凌空勁打人的人，和對方接手時，瀟灑得連人都不看，真是令人難以理解啦。而那些自稱單純用意念就能控制對方意念，雙方間隔三四步遠，隨著發勁人的手勢，被發者前仰後合，左搖右晃，我未見師爺如此用過。他們所用的只能是催眠術，決不是凌空勁，而那些被控制的人也只能是他們的徒弟。

以上所講的四種打法，是必須要在有相應的功法的基礎上，經過「脫胎換骨」的刻苦磨練，練熟上身，相機而用

的。師爺說：「一定要反覆練習，形成條件反射，像巴甫洛夫講的狗看見肉就流口水一樣，不用腦子想，隨對方之勢，自然而出，令彼失利，才算捨己從人功夫練成，使用方能裕如。」

附錄一
歷代太極拳論述精選

太極拳用功秘訣

張三豐

　　一舉動，周身俱要輕靈，尤須貫串；氣宜鼓蕩，神宜內斂；無使有缺陷處，無使有凸凹處，無使有斷續處。其根在腳，發於腿，主宰於腰，形於手指；由腳而腿而腰，總要完整一氣；向前退後，乃得機得勢。有不得機得勢處，身便散亂，其病必於腰腿求之。上、下、前、後、左、右皆然，凡此皆是意，不在外面。有上即有下，有前即有後，有左即有右。譬如要向上，即寓下意，若將物掀起而加以挫之之意，斯其根自斷，乃壞之速而無疑。

　　虛實宜分清楚，一處自有一處虛實，處處總此一虛實，周身節節貫串，無令絲毫間斷耳！

學太極拳須斂神聚氣論

張三豐

太極之先，本為無極。鴻濛一氣，渾然不分。故無極為太極之母，即萬物先天之機也。二炁分，天地判，始成太極。二炁為陰陽，陰靜陽動，陰息陽生。天地分清濁，清浮濁沉，清高濁卑。陰陽相交，清濁相媾，氤氳化生，始育萬物。

人之生世，本有一無極，先天之機是也。迨入後天，即成太極。故萬物莫不有無極，亦莫不有太極也。人之作用，有動有靜。動極必靜，靜極必動。動靜相因，而陰陽分，渾然一太極也。人之生機，全恃神氣。氣清上浮，無異上天。神凝內斂，無異下地。神氣相交，亦宛然一太極也。故傳我太極拳法，即須先明太極妙道，若不明此，非吾徒也。

太極拳者，其靜如動，其動如靜，動靜循環，相連不斷，則二炁既交，而太極之象成。內斂其神，外聚其氣。掌未到而意先到，拳不到而意亦到。意者，神之使也。神氣既媾，而太極之位定。其象既成，其位既定，氤氳化生，而演為七二之數。太極拳總勢十有三：掤、捋、擠、按、採、挒、肘、靠、進步、退步、右顧、左盼、中定，按八卦、五行之生剋也。其虛靈、含拔、鬆腰、定虛實、沉墜、用意不用力、上下相隨、內外相合、相連不斷、動中求靜，此太極拳之十要，學者之不二法門也。

學太極拳為入道之基，入道以養心定性、聚氣斂神為主。故習此拳，亦須如此。若心不能安，性即擾之。氣不能聚，神必亂之。心性不相接，神氣不相交，則全身之四體百脈，莫不盡死。雖依勢作用，法無效也。

欲求安心定性、斂神聚氣，則打坐之舉不可缺，而行功之法不可廢矣。學者須於動靜之中尋太極之益，於八卦五行之中求生剋之理，然後混七二之數，渾然成無極，心性神氣，相隨作用，則心安性定，神斂氣聚，一身中之太極成，陰陽交，動靜合，全身之四體百脈，周流通暢，不黏不滯，斯可以傳吾法矣。

十三勢歌

張三豐

十三總勢莫輕視，命意源頭在腰隙。
變轉虛實須留意，氣遍身軀不稍痴。
靜中觸動動猶靜，因敵變化示神奇。
勢勢留心揆用意，得來功夫不顯遲。
刻刻留心在腰間，腹內鬆靜氣騰然。
尾閭正中神冠頂，滿身輕利頂頭懸。
仔細留心向推求，屈伸開合聽自由。
入門引路須口授，工夫無息法自修。
若言體用何為準，意氣君來骨肉臣。
想推用意終何在，延年益壽不老春。

歌兮歌兮百四十，字字眞切意無遺。
若不向此推求去，枉費工夫貽嘆息！

十三勢行功心法

以心行氣，務令沉著，乃能收斂入骨。以氣運身，務令順遂，乃能便利從心。精神能提得起，則無遲重之虞，所謂頂頭懸也。意氣須換得靈，乃有圓活趣味，所謂變動虛實也。

發勁須沉著鬆靜，專主一方。立身須中正安舒，支撐八面。行氣如九曲珠，無往不利，氣遍身軀之謂也。運勁如百煉鋼，何堅不摧。形如搏兔之鶻，神如捕鼠之貓。靜如山岳，動似江河。

蓄勁如開弓，發勁如放箭。曲中求直，蓄而後發。力由脊發，步隨身換。收即是放，斷而復連。往復須有折疊，進退須有轉換。極柔軟，然後極堅硬。能呼吸，然後能靈活。

氣以直養而無害，勁以曲蓄而有餘。心為令，氣為旗，腰為纛。先求開展，後求緊湊，乃可臻於縝密矣。

又曰，先在心，後在身，腹鬆氣斂，神舒體靜，刻刻在心。切記一動無有不動，一靜無有不靜。牽動往來氣貼背，斂入脊骨。內固精神，外示安逸。邁步如貓行，運勁如抽絲。全身意在蓄神，不在氣，在氣則滯。有氣者無力，有力者無氣，無氣者純剛，即得乾行健之理。所以氣如車輪，腰

如車軸也。

太極拳論

王宗岳

太極者，無極而生，陰陽之母也。動之則分，靜之則合；無過不及，隨曲就伸。人剛我柔謂之走，我順人背謂之黏。動急則急應謂之連，動緩則緩隨謂之隨。雖變化萬端，而理為一貫。由著熟而漸悟懂勁，由懂勁而階及神明。然非用力之久，不能豁然貫通焉。

虛靈頂勁，氣沉丹田，中立不倚，乍隱乍顯。左重則右必輕，右重則左必輕。虛實兼到，仰高鑽堅。進之則長，退之則促。一羽不能加，蠅蟲不能落。人不知我，我獨知人。英雄所向無敵，蓋皆由此而及也。

斯技旁門甚多，雖勢有區別，概不外乎壯欺弱、慢讓快耳。有力打無力，手慢讓手快，皆是先天自然之能，非關學力而有為也。

察四兩撥千斤之句，顯非力勝。觀耄耋能御眾之形，快何能為。惟立如平準，活似車輪。偏沉則隨，雙重則滯。每見數年純功，不能運化者，率皆自為人制，雙重之病未悟耳！

欲避此病，須知陰陽。黏即是走，走即是黏。陰不離陽，陽不離陰，陰陽相濟，方是懂勁。懂勁後，愈練愈精。默識揣摩，漸至從心所欲。本是捨己從人，多誤捨近求遠。

所謂「差之毫厘，謬之千里」。學者不可不詳辨焉！

打手歌

王宗岳

掤捋擠按須認眞，上下相隨人難進。
任他巨力來打我，牽動四兩撥千斤。
引入落空合即出，沾連黏隨不丟頂。
彼不動，己不動；彼微動，己先動。
似鬆非鬆，將展未展，勁斷意不斷。

功用歌

王宗岳

輕靈活潑求懂勁，陰陽既濟無滯病。
若得四兩撥千斤，開合鼓蕩主宰定。

十六關要論

許宣平

活潑於腰；靈機於頂；神通於背；流行於氣；行之於
腿；蹬之於足；運之於掌；足之於指；斂之於髓；達之於

神；凝之於耳；息之於鼻；往來於腹；縱之於膝；渾噩一身；發之於毛。

三十七心會論

許宣平

腰脊為第一之主宰，猴頭為第二之主宰，
地心為第三之主宰。丹田為第一之賓輔，
掌指為第二之賓輔，足掌為第三之賓輔。

三十七周身大用論

許宣平

一要性心與意靜，自然無處不輕靈。
二要遍體氣流行，一定斷續不能停。
三要猴頭永不拋，問盡天下眾英豪。
如詢大用緣何得，表裡精粗無不到。

授秘歌

李道子

無形無象，全身透空；

應物自然，西山懸磬；
虎吼猿鳴，泉清河靜；
翻江播海，盡性立命。

四性歸原歌

程珌

世人不知己之性，何能得知人之性。
物性亦如人之性，至如天地亦此性。
我賴天地以存身，天地賴我以致局。
若能先求知我性，天地受我偏獨靈。

虛靈歌訣

杜育萬傳蔣發歌訣

筋骨要鬆，皮毛要攻。
節節貫串，虛靈在中。

附錄二
吳圖南先生論述
太極拳

凌空勁歌

露禪班侯夢祥間，三世心傳凌空難。

我今道破其中秘，洞徹全豹反掌間。

只因傳工皆口授，未嘗公開告世人。

且幸恩師多倚重，教我其中步驟全。

我今說明其中義，節省時間又便傳。

先須啄勁練到手，再練蕩勁不費難。

離空諸勁都學會，哼哈運氣亦練全。

彼此呼吸成一體，牽動往來得自然。

此時再學凌空勁，堅持工夫一二年。

手舞足蹈隨心意，至此方叫工夫完。

辛亥冬烏拉布作於京師

太極打手法

打手者，研究懂勁之法也。先師曰：「由著熟而漸悟懂勁，由懂勁而階及神明。」旨哉言乎！夫究宜如何始能著熟？宜如何始悟懂勁？宜如何階及神明？此著者僅就二十餘年來研究所得，不得不貢獻於我同好者也。

夫太極拳之各勢，既已練習，則當首先注意姿勢之是否正確，動作能否自然，待其既正確且自然矣，然後進而練習應用。應用既皆純熟，斯可謂著熟也矣。

雖然，此不過彼往我來之一勢一用而已耳。若彼連用數法，或因我之著而變化之，斯時也，則如之何？於是乎懂勁尚焉。

夫懂勁者，因己之不利處，推及彼之不利處也。方我之欲擊敵也，心中必先具一念，然後始擊之也。反是，彼能無此一念乎？雖智愚賢不肖異等，而其先具之一念，未嘗異也。

故彼念既興，我念亦起。真偽虛實，難測異常。苟無一定之主宰，則必至於張皇失措。方恐應敵之不暇，尚何希其制勝哉！

雖然，當擊彼之念既起，則當存心彼我之著法孰速？欲擊之目的孰當？彼未擊至我身也，可否引其落空？或我之動作，是否能動於彼先？待既擊至我身也，宜如何變其力之方向，使落不及我身？或能因彼之力，而使其力折回，而還於

彼身？此等存心，究宜如何始能得之？蓋因我之某處懼彼之擊也，彼之某處亦懼我之擊。此明顯之理也。然而避我之怕擊處，擊彼之怕擊處，則彼欲勝，豈可得乎？孫子曰：「知彼知己，百戰百勝。」此之謂也。

　　方此時也，再能默識揣摩，漸至周身之不隨意筋，亦能隨意活動。全體各部，均能發現一種反射運動。自頭至足，無一處不輕靈，無一處不堅韌，無一處不沉著，無一處不順遂，通體貫串，絲毫無間，自能心恬意靜，變化環生。故擊敵之際，彼力離而未發，即能知其將發。彼何處欲動，即能知其將動。其心之所至，無不知之。此皆由於明乎運勁發勁之理、剛柔動靜之機之所致也。

　　蓋一動無有不動，一靜無有不靜。虛實分清，自能知其所以然矣。然後因力制勝，假力制勝，順力制勝，逆力制勝，分力制勝，合力制勝。久而久之，感物而動，遇力便曉。無論彼之所用之力，為直線，為曲線，為彈簧線，為螺旋線，而我以無形無像、全身透空之身，加以出其不意之方法、輕靈奇巧之步法、閃展騰挪之身法、出入神速之手法，使敵瞻前忽後，仰高鑽堅，虛實莫辨，應付為艱。當此時也，敵欲攻，而不得逞。敵欲逃，而不得脫。黃主一先生所謂：「不用顧盼擬合，信手而應，縱橫前後，悉逢肯綮」者，其太極拳打手之謂乎？斯時也，可謂懂勁也矣！

　　懂勁後，愈練愈精，乃至捨己從人，隨心所欲，不思而得，從容中道。非達於神明矣乎？學者，果能盡心研究之，則玄玄之理，有不期然而然者。

　　雖然，太極拳之妙用，三豐、宗岳諸先師，已論之詳

矣！故不復云。然數百年來，能闡明其旨者，誰乎？要之，後有好事者，庶可因是而得之也！

（摘自《國術概論》）

關於太極拳的四種功

　　練太極拳要達到精湛的地步，必須得下一番工夫。問題是，究竟下什麼工夫呢？過去的一些太極拳著作，沒有一個很規律而又系統的說明。在舊社會，中國武術界是很保守的。過去有一種習慣，叫傳拳不傳功，要學功，得先拜師傅。當然，這是封建傳統。所以如此，有它的一些社會因素和客觀原因。今天不同了，為了提高人民的健康水準，做好我國的四個現代化，我們，特別是老一輩的專家們，有責任把我們多年積累下來的寶貴經驗貢獻給國家、給人民。我就是抱著這個態度來講這個問題的。

　　我研究太極拳有幾十年了，對骨骼、關節、肌肉等在每個姿勢中的位置是否符合生理上的特點，是否順乎自然之發育，曾作過大量調查和科學整理。由此我得出這樣一個結論：姿勢正確是基礎，基礎不牢不穩，樓就蓋不起來，就很難提高。怎樣才算姿勢正確呢？我個人認為，姿勢要跟原來的名稱相符合，動作自然，表裡如一，得心應手，這樣才能達到鍛鍊的預期效果。

　　根據我個人幾十年的體會，我把太極拳的功概括地歸納成四種。

　　第一是著功。所謂著功，簡單地說就是你往我來，一勢一用。比如你練搬攔捶，你應該知道它是幹什麼用的，怎麼叫搬，怎麼叫攔，怎麼叫捶。其他如攬雀尾、單鞭、左右分腳、山通臂等等都是著。著要熟，要運用得很熟練。有了初步著功，才有可能進一步提高。王宗岳的《太極拳論》裡講：「由著熟而漸悟懂勁」，也就是這個意思。打個比方，對方打我一捶，我如何避開這一捶，這時可以分為三個階段。第一個階段是對方將要打而剛剛出手的時候，你如何使之變化；一個是打出來的，你如何使他的力量達不到自己身上；第三個是打到身上了，對方的力量已經傳導到身上了，如何應用內在和外在結合起來的一瞬間，千分之幾秒，轉移對方力之方向，使他的力折回去，回到自己身上去，使他力不從心，失去平衡，並把他彈出去。這些都屬於著功。

　　第二是鬆功。一般練太極拳的都講鬆，可是究竟怎麼鬆，講不清楚。我就見過有人練了好多年，自以為鬆得不錯了，可是我一看，不是鬆，而是懈。太極拳要求鬆，是鬆而不懈。所謂鬆，是指你的四肢、百體、關節、韌帶無一個地方不柔和。我給它歸納成四句話，就是前面提到的無一處不輕靈，無一處不堅韌，無一處不沉著，無一處不順遂，然後才能達到通體貫串，絲毫無間。鬆才能沉，能鬆必能沉。要使關節、韌帶、肌肉等鬆開、柔韌、活動自由、富有彈性，都能聽你自由指揮調動，就必須透過練鬆功，才能達到這個目的。

　　第三是勁功。為什麼叫勁？就是區別於力。力代表一般的力，我管它叫拙力。而勁不同，勁是極活動的東西，它既

沒有一定的大小，也沒有一定的剛柔，但它又剛又柔，又鬆又緊，又快又慢，又不即又不離。為什麼要練勁功呢？比方說，對方一著接一著，連續幾著合起來，這時你如果光會著功，就將應接不暇、顧此失彼，這時你就非用勁功不可。勁功就是除去腰脊為主宰之外，其餘所有部位都能隨機應變，他怎麼來，我就怎麼變化，在不知不覺之中，收到可用之效。這就是勁功勝過著功的道理。

第四是氣功。我這裡指的是太極拳的氣功，是太極拳本身的功夫，不是一般所說的氣功。王宗岳的《太極拳論》以及《十三勢歌》《十三勢行功心解》等談到氣的就有十五六處之多，諸如：氣沉丹田、氣宜鼓蕩、氣遍全身、以心行氣、以氣運身、行氣如九曲珠、能呼吸然後能靈活等等。可見氣在太極拳裡是十分重要的。太極拳的氣功包括兩個部分，一個是運氣，一個是使氣。運氣就是把氣吸進來，存在丹田；呼氣時，以心行氣，用意念引導到讓它去的部位，慢慢出氣。時間久了，它就能按照你的心思去做。運熟了，儘管五臟六腑是不隨意肌，通過交感作用，也能聽你指揮。這就是所謂運氣。進一步是使氣。就是說，你讓它到哪兒，它就到哪兒；你讓它起什麼作用，它就起什麼作用。這就是使氣。透過練我們的氣，蓄我們的氣，使我們本身的元氣跟吃五穀雜糧得到的精微之氣，以及天地呼吸之氣，融會貫通，合在一起，為我所用，由內臟到肌肉，由肌肉到膜裡，由膜裡到皮膚，由皮膚到毛細孔，再由毛細孔把它放出來，延長出來，使這種氣達到對方身體，而且使這個氣跟對方的氣結合到一起，來指揮對方的一呼一吸，這就是我們所說的太極

拳的氣。有了這個功就不用顧盼擬合，信手而應，縱橫前後，悉逢而擊。練太極拳不了解太極拳的氣功，不了解內在外在之氣，等於你沒練，也可以說你還沒有十分懂得太極拳的道理。一般說的結合呼吸練拳，比如伸手為呼，回手為吸等等，這只是很初步的東西。問題不這麼簡單，不是三言兩語能夠講透的。我現在正在著手寫《宗氣論》，這裡面談得比較詳細，等我寫完以後，再跟大家見面，並希望能得到同志們的指正。

（摘自在 1984 年武漢國際太極拳、劍邀請賽上的講話）

宗氣論

　　太極拳在鍛鍊過程中，欲達到高級精湛之目的，必須練太極功，以促進其精進。予曾先後創作「著功」若干則，「勁功」若干則，「鬆功」若干則。由學者練習，確認其確實能收到裨益。茲將太極拳內景，編著太極拳「氣功」若干則，以示學者，先由宗氣入手，因作《宗氣論》。

　　太極拳所謂無極而太極者，不可極而極之之謂也。易曰：「寂然不動，感而遂通。」丹書云：「身心不動以後，復有無極真機。」言太極之妙本也。是知氣功所尚者，靜定也。蓋人心靜定，未感物時，湛然一理，即太極之妙也。一感於物，遂有偏倚，即太極之變也。苟靜定之時，謹其所存，則一理常明，虛靈不昧，動時自有主宰，一切事物之來，俱可應也。故靜定工夫純熟，則有不期然而然者，自然

至此無極眞機之境，於是乎太極拳之妙應既明，天地萬物之
理悉備於我也。

天地萬物，非氣不運，非理不宰，理氣相合，而不相離
者也。蓋陰陽者，氣也。一氣屈伸，而為陰陽動靜也。理
者，太極也。本然之妙也。所以紀綱造化，根柢人物，流行
古今，不言之蘊也。是故在造化則有消息盈虛，在人則有虛
實順逆，有消息盈虛，則有範圍之道，有虛實順逆，則有調
劑之宜。斯理也，實難言之。故包羲氏畫之，文王彖之，姬
公爻之，仲尼贊而翼之，黃帝問而岐伯陳之，越人難而詁釋
之一也。但經包、文、姬、孔則為易立論，於岐、黃則為靈
素辨難，於越人則為難經，書雖不同，而理則一也。知理一
則知易以說陰陽，而素問而靈樞而難經，皆本陰陽而闡論
也。易理明則可以範圍天地，曲成民物，通知乎晝夜。靈素
難經明，則可以節宣化機，拯理民物，調燮扎瘵疵癘而登太
和。故精於太極拳者，必深於易而善於醫，精於醫者，必由
通於太極拳，而收不藥而醫之療效，術業有專攻，而理無二
致也。其洞徹理合氣之旨，會理之精，立論之確，即通乎太
極拳體療之義，比之拘方之學，一隅之見者，則有至簡至易
之體療作用，其太極拳之特徵歟？質之身受太極拳之效益
者，必以予言為然也。

故太極拳之妙用，在能運用天地大氣鼓（鼓，撬動也）
韝，人身非此氣鼓韝，則津液不得行，呼吸不得息，血脈不
得流通，糟粕不得傳送。《素問‧陰陽應象大論篇》曰：
「天氣通於肺，地氣通於嗌（嗌，咽喉也。《史記》：飲食
下嗌）。」「風氣通於肝；雷氣通於心；穀氣通於脾；雨氣

通於腎。六經為川，腸胃為海，九竅為水注之氣。」是以天人一致之理，不外乎陰陽五行。蓋人之氣化而成形者，即陰陽而言之。夫二五之精，妙合而凝，男女未判，而先生此二腎。如豆子果實出土時兩瓣分開，而中間所生之根蒂，內含一點真氣，以為生生不息之機，名曰動氣，又曰原氣。稟於有生之初，從無而有，此原氣者，即太極之本體也。名動氣者，蓋動則生，亦陽之動也。此太極之用所以行也。兩腎靜物也。靜則化，亦陰之靜也。此太極之體所以立也。動靜無間，陽變陰合，而生五行，其命門之謂乎？《素問》曰：「腎藏骨髓之氣。」《難經》曰：「男子以藏精，非此中可盡藏精也。」蓋腦者髓之海，腎竅貫脊通腦，故云如此歟！故有經曰：「腎氣經於上焦，營於中焦，衛於下焦。《中和集》曰：「闔辟呼吸，即玄牝之門，天地之根，所謂闔辟者，非口鼻呼吸，乃真息也。」《黃庭經》曰：「兩部腎水對生門（即臍也）。」越人曰：「腎間動氣者，人之根本也。」於斯可見，太極拳養腎間之動氣，意義之宏偉也。是故兩腎間之動氣，非水非火，乃造化之樞紐，陰陽之根蒂，即先天之太極，五行由此而生，臟腑以繼而成。非有形質之物，學者宜深思之。

　　註：「五行者，一水二火三木四金五土。據《素問・運氣》曰：「水之為言潤也（陰氣濡潤任養萬物）。火之為言化也（陽在上陰在下火毀然盛而化生萬物）。木之為言觸也（陽氣觸動冒地而生）。金之為言禁也（陰氣始禁止萬物而揪斂）。土之為言吐也（含吐萬物將生者出將死者歸為萬物家）。」

《素問・金匱真言論篇》：「北方黑色，入通於腎，開竅於二陰（大小便），左腎為壬，右腎為癸（壬癸皆水也）。」《素問・六節臟象論篇》曰：「腎者，主蟄，封藏之本，精之處也。受臟腑之精，而藏之也（精亦水也）。因其皆屬水。且太高水下，水火不相射，以維持臟腑之平衡，則百病不生，此太極拳之變理陰陽之理，學者不可不察也。」

宗氣者，為言氣之宗主也。此氣搏於胸中，混混沌沌，人莫見其端倪，此其體也。及其行也，肺得之而為呼；腎得之而為吸，營得之而營於中，衛得之而衛於外，胸中即膻中（膻中：胸中兩乳間曰膻。《素問》：「膻中者，臣使之官，喜樂出焉）。膻中之分，父母居之，氣之海也。三焦為氣之父，故曰宗氣出於上焦。營氣者，為言營連穀氣，入於經隧，達於臟腑，晝夜營周不休，始於肺臟而終於肺臟，以應刻數，故曰營出中集也。」又曰：「營是營於中。」又曰：「營在脈中（世謂營為血者非也。營氣化而為血耳。中字非中焦之中，乃經隧中脈絡中也。《素問・痺論篇》云：營者水穀之精氣，和調於五臟，灑陳於六腑，乃能入於脈也）。」衛氣者，為言護衛周身，溫分肉，肥腠理，不使外邪侵犯也。始於膀胱而終於膀胱，故曰衛出下焦火。又曰衛是衛於外，又曰衛在脈外（此外字亦非純言乎表，蓋言行乎經隧之外也。《《素問・痺論篇》曰：「衛氣者，水穀之悍氣，其氣慓疾滑利，不能入於脈也。故循皮膚之中，分肉之間，薰於肓膜，散於胸腹，逆其氣則病，從其氣則癒」）。夫人與天地生生不息者，蓋一氣之流行爾。是氣也，具於身

中，名曰宗氣，又曰大氣，經營晝夜，無少間斷。《靈素》
載之，而後人莫之言也。後人只知有營衛，而不知營衛無宗
氣曷能獨循於經隨行呼吸以應息數而溫分肉哉？此宗氣者，
當與營衛並稱，以見三焦上、中、下，皆此氣而為之統宗
也。《靈樞·五味篇》曰：「穀始入於胃，其精微者，先出
胃之兩焦（中、下焦也），以灌五臟，別出兩行，營衛之
道，其大氣之博而不行者，積於胸中，命曰氣海（大氣即宗
氣，氣海即膻中）。」又《靈樞·邪客篇》曰：「五穀入於
胃也，其糟粕（下焦）、津液（中焦）、宗氣（上焦）分為
三隧，故宗氣積於胸中，出於喉嚨，以貫心脈，而行呼吸。
此出上焦為一隧也。營氣者，泌其津液，注之於脈，化以為
血，以營四末，內注五臟六腑，以應刻數（此出中焦為一隧
也）。衛氣者（在內有溫養五臟六腑之功能，在外有溫養肌
肉、潤澤皮膚、滋養腠理、啟閉汗孔等作用），出其悍氣之
慓疾，而先行四末、分肉、皮膚之間，而不休者也。晝日行
於陽，夜行於陰，常從腎臟之分間，行於五臟六腑（此出下
焦為一隧也）」》。《靈樞·營衛生會篇》黃帝曰：「願聞
營衛之所行，皆何道從來？」岐伯曰：『營出於中焦，衛生
於下焦。」」《靈樞·衛氣篇》曰：「其浮空之不循經者，
為衛氣。其精氣之行於經者，為營氣。」講明此三氣者，自
秦越人之後，惟四明馬玄堂《難經正義》考究極工，於宗氣
則曰：「自夫飲食入胃，其精微之氣，積於胸中，謂之宗
氣。宗氣會於上焦，即八會之氣，會於膻中也。惟此宗氣主
呼吸，而行脈道，於營氣則曰營氣者，乃陰精之氣也。即宗
氣之所統，猶太極之分而為陰也。此氣始於肺臟而復會於肺

臟，而行晝行夜，十二經之陰陽皆歷焉。所謂太陰（即肺臟）主內者此也。亦宗氣之所也。於衛氣則曰衛氣者，陽精之氣也。亦宗氣之所統，猶太極之分而為陽也。此氣始於膀胱臟，而復會於膀胱臟。引《靈樞・歲露論篇》曰：「『衛氣一日一夜，常大會於風府。』風府者，足太陽（即膀胱）督脈陽惟之會，所謂太陽主外者此也。蓋營氣行陽行陰，主晝夜言，衛氣行陰行陽，主陽經陰經言，營氣之行於晝者，陽經中有陰經，行於夜者，陰經中有陽經，故行陰行陽，主晝夜言也。衛氣則晝必止行於陽（行三陰經也）。夜必止行於陰（行三陽經也），是陰陽不指晝夜言也。」又謂《靈樞・五十營》等篇中言：「氣脈流行，自肺而始，至肝臟而終，循循不已，凡此非精究經旨，融會脈絡，苦心積累不能也。學者須深體會之，方可明其究竟也」。

至於太極拳太極功中之氣功，端賴呼吸以行之，若不明呼吸之所以然，則運用行功之時，無所適從，故深論之。呼吸者，即先天太極之動靜，人一身之原氣也（即兩腎間動氣）。有生之初，即有此氣，默運於中，流動不息，然後臟腑行所司而行焉！《難經》曰：腎間動氣者，「五臟六腑之本，十二經脈之根，呼吸之門。」經謂肺出氣出此也。腎納氣納此也。謂呼在肺而吸在腎者，蓋肺高腎下，猶天地。故滑伯仁曰：「肺主呼吸，天道也（此呼吸乃口鼻之呼吸，指穀氣而言也）。腎司闔闢，地道也（此闔闢乃真息，指原氣而言也）。」《靈樞經》曰：「五穀入於胃也，其糟粕、津液分為三隧，故宗氣積於胸中，出於喉嚨，以貫心脈，而行呼吸（行猶承行）。」此指後天穀氣而言，謂呼吸資宗氣以

行飲，謂呼吸屬宗氣也。何者？人一離母腹時，便有此呼吸，不待於穀氣而後有也。雖然，原氣使無宗氣積而養之，則日餒而瘁，呼吸何賴以行，故平人絕穀七日而死者，以水穀俱盡，臟腑無所充養受氣也。然必待七日乃死，未若呼吸絕而即死之速也。以是知呼吸者，根於原氣，不可須臾離也。宗氣如難經一難之義，原氣如難經八難之義，原氣言體，穀氣言用也。滑伯仁曰：「三焦始於原氣，用於中焦，散於膻中，上焦主內而不出，下焦主出而不內，其內其出皆係中焦之腐熟，用於中焦之為義，其可見矣。」

　　由是可知，宗氣者，先天真一之氣，流行百脈，貫穿臟腑，所謂「氣為血帥，血隨氣行」者，即此氣也。太極拳之氣功之所以能氣分陰陽，機先動靜者，端賴宗氣之鍛鍊。故宗氣既明，內景洞澈，人體一氣流行，順而行之，則百病不生，延年益壽不期然而然，故宗氣尚焉。

　　再就呼吸言之，不論其為胸呼吸、腹呼吸、外呼吸、內呼吸、正呼吸、反呼吸，以及皮膚呼吸等，欲其流暢不窒，舍宗氣之充足，無以完成其任務。故宗氣之為用亦大矣哉！學者可不加之意乎？

　　在太極拳氣功中，以宗氣為主，氣能隨我所運，漸而達到聽我使用之效，故能運能使，方為太極功氣功之目的，否則氣功何需鍛鍊哉？當太極拳初練氣功時，並無任何感覺，只覺練習後，身體略感輕快耳。練至相當之時日，則腹內腸胃略有腸鳴，漸至有如龍吟虎嘯之勢，此時堅持鍛鍊，持之以恆，則能陰陽分，順逆勻，盈虛消長，漸能掌握，所謂氣分陰陽者此也。

然後培其元氣，守其中氣，保其正氣，護其賢氣，養其肝氣，調其肺氣，理其脾氣，閉其邪惡不正之氣。勿傷於氣，勿逆於氣，勿憂思悲怒心頗其氣，升其清氣，降其濁氣，使氣清而平，平而和，和而暢達，能行於筋，串於膜，以至通身靈動，無處不行，無處不到。氣至則膜起，氣行則膜張，能起能張，則膜與筋齊堅固矣。然後自然氣由內臟到分肉，由分肉到腠理，由腠理到皮膚，由皮膚到毛細孔。營皮膚呼吸，則能減少肺臟之勞動，所謂太極拳之氣能全體發之於毛者，即指此也。然後再能延長出來，通過體表之等電離子層和生物電離子層，能使這種氣達到（推手時）對方之身體，而且使這種氣跟對方之氣結合到一起，來指揮對方之呼吸。這就是我們所說的太極拳的氣功。

如能加意陶冶、融會貫通，則能內實臟腑、外堅腠理，精滿、氣充、神全，周流於人體之內外，內維臟腑之平衡，外防六氣之侵襲，故能增強體質，推遲衰老，永保青春，健康長壽。學者果能細心研究之，又能持之以恆，則獲益之處，豈淺鮮哉！是為論。

（原載於《武當》雜誌）

吳圖南先生對拳論的解釋

三豐先生也是一位博雅之士。先生所傳太極拳叫十三勢，也叫長拳。取其如同長江大河滔滔不絕之意。張三豐常說，一舉一動周身都要輕靈，尤其必須節節貫串，氣應當鼓

蕩，神應當內斂，就是神不要放在身體外頭，必須要斂到裡頭來。無使有缺陷處，無使有凸凹處，無使有斷續處，其根在腳，發於腿，主宰於腰，形於手指，由腳而腿而腰，總要完整一氣，向前退後，乃能得機得勢。如果身體散亂無章，便是不得機不得勢。

那麼，怎麼矯正呢？他說其病必於腰腿求之。一般練太極拳的人說，沒有好腰腿也可以練好太極拳。其實不然，必須有好腰好腿，才能練好太極拳，上下、前後、左右皆然，凡此皆是意，不在外面，所以，有上即有下，有前即有後，有左即有右。打個比方說，如果你意思要向上，你就必須有向下的意思，如同將物掀起。比如撬一塊大石頭，把石頭擱在那兒，頭裡再墊一塊小石頭，然後順小石頭撬大石頭，這邊一按，大石頭就起來了。就是說，意思要向上，就得有向下的意思，然後把東西撬起來，這時再用鍬一鏟，其根自斷，乃壞之速而無疑。

關於虛實問題，三豐先生說，虛實應當分清楚，一個地方自有一個虛實，處處總此一個虛實，所以說，周身節節貫串，勿令絲毫間斷。就是說，人整個由腰到腿到手指都是貫串的，絲毫無間的。這一段文章，我看不像是一篇全論，根像是文章中的一段，一定還有前頭後頭。可是參閱了很多張三豐先生的著作，也沒有把遺失的地方補過來，所以有待於後世。

三豐先生所持之論，至中至正，言簡意賅，不尚辭藻，不尚修飾，對學者提出實際用功之方針，要緊的是輕靈、鼓蕩、貫串、活潑，自首至足完整一氣，進退顧盼得機得勢。

內以尚意，外以導形，意上寓下，意左寓右，意前寓後，所以深得呼應提放之理，且於虛實之解釋，尤其詳盡，蓋能明瞭一處之虛實，即可了解處處之虛實矣。已給學者開一個先河，此點誠開千古不傳之密。

而於節節貫串，絲毫無間，為先生所特別提出的，實在是因為太極拳之妙用，在於延年益壽，身心俱妙，而貫串無間，不獨得力於技擊，對養生長壽也有莫大之裨益。先生之所主張，似甚平庸，而詳細體察，正是其高處。所以說，先生其道獨高，而名重於後代，就是這個原因。

明朝景泰年間，有一位叫王宗，號宗岳。王宗岳，西安人，習內家拳法，在當時為最著。西安東面是西岳（嶽）華山，既然他叫王宗，那麼宗什麼呢？就是宗這個岳，這是很有道理的。王宗岳是個經緯之才，他不但太極拳練得很好，而且文學也很好，深得張三豐先生的真傳。王宗岳是直接還是間接向張三豐先生學的呢？現在沒有法子證明，反正是三豐先生之後有這麼一位。

王宗岳著述很多，對太極拳之奧理闡發無遺。所傳之太極拳名十三勢，也叫長拳。

他所著的《太極拳論》裡說：「太極者，無極而生，動靜之機，陰陽之母也。動之則分，靜之則合，無過不及，隨曲就伸。」下面他給分成四個：「人剛我柔謂之走，我順人背謂之黏，動急則急應，動緩則緩隨。」對「背」字的解釋跟我講的不一樣。我是根據兵法講的。兵法上講，比方說，我們守一個山口，我們這一半必須跟這一邊黏住，好像一扇單扇門似的，他進來，我們從這邊迂迴，把他包圍住，所以

說我是順的，人家是背的。他來的時候是背著的，背不是脊梁後的意思，這一點我特別提出來。下面是，他動得很急，我們就急著應他，就連上了；他來得慢，我們也去得慢，這就叫做隨。總起來說，就是「走、沾、連、隨」四個字。一般念俗了，說成沾、連、黏、隨，這是沒有明白那個背字，如果把背字明白了，也就知道是沾、連、走、隨了。

「雖變化萬端而理為一貫，由著熟而漸悟懂勁，由懂勁而階及神明，然非用力之久，不能豁然貫通焉」。這裡所說的「用力之久」，不是用力氣，而是用功久了的意思。但怎樣用功呢？我創造了四個功法，一個叫著功，一個叫勁功，一個叫鬆功，一個叫氣功。這個氣功跟現在一般練的氣功不一樣。我所說的氣功是太極拳裡養生長壽、祛病延年的一種氣功。

「虛靈頂勁，氣沉丹田，不偏不倚，忽隱忽現。左重則左虛，右重則右虛」，有人寫成「左重則左杳」的，意思都一樣，是行文的關係。「虛實兼到，仰高鑽堅」。就是說，虛和實兼著用，虛中有實，實中有虛，似實非實，似虛非虛。

「進之則愈長，退之則愈促」。往前進的時候就可以長了，長就是不管用的是招還是勁，是氣還是功，都能延長出去。比如，拳能打一尺，如果把裡頭的東西即內功延長出去，就可以打一尺零一分。如果對方在一尺零一分，我們只能打一尺，你就打不著了，要是能用內功延長一分，就能打他，即使沒打著他，可是我們內功順著尖端把它催出去，也能達到他的身上。退，不一定是退步，把跟他接觸的那一點

稍微退那麼一點點,他的力量就達不到我們身上。

　　所以下面有兩個譬喻:「一羽不能加,蠅蟲不能落。」現在有好多人評論這兩句,說這兩句不對。殊不知王宗岳是文學家,他用譬喻說得很恰當,很中肯,所以留了這麼兩句話,事實上這是形容之詞。

　　「人不知我,我獨知人」,才能達到這個程度,所以他說「英雄所向無敵,蓋皆由此而及也」。下面說的是除太極拳以外,遇到別的拳怎麼樣。他說:「斯技旁門甚多,雖勢有區別,概不外乎壯欺弱,慢讓快耳。有力打無力,手慢讓手快。」所以說「是皆先天自然之能,非關學歷而有為也」。不是由於我們練功夫而得的,是先天自然生來力氣大就大,力氣小就小。可是練太極拳不然,能以小力勝大力,能以慢勝快,能以柔克剛,能以弱勝強。

　　「察四兩撥千斤之句,顯非力勝,觀耄耋能御眾之形,快何能為。」這裡還得加上兩個字,應該是牽動四兩,才能撥千斤。比如拿大秤稱東西,勢必得把秤砣往前挪,不牽動秤砣就稱不了。「觀耄耋能御眾之形」,就是說,七八十歲的老人和眾人比,他還能應付裕如。「快何能為」,這時心裡多高興啊。下面他打個比方:「立如平準,活如車輪。偏沉則隨,雙重則滯。」「平準」這個詞兒好多人不解,據文獻記載,漢朝有個官職叫平準,像現在的科長、局長,是管糧食的。糧食豐收時,他把糧食買進來,旱澇不收時,以平價把糧食賣出去,有利於人民大眾,是善舉。「立如平準」是說站在那兒就像平準之官似的,心裡很正,換句話說,對方的力到我身上來,可以不要,對方的力量不足,我可以給

他添上一點兒，就像平準之官那樣。

「活如車輪」，活動起來就像車輪子似的，不要像車軸。「偏沉則隨」，一邊重車就歪了，「雙重則滯」，兩邊全是重的，車就拉不動，即使拉動也翹了，大車趕上下雨陷到泥裡，必須有人去推轅頭，騾馬往前一走才能出去。所以偏沉不對，雙重也不對，現在好多推手，推著推著就斜著給你一下子，把你推歪了，他就算高手了。其實這不對，這是偏沉，也是毛病。雙重分兩種，一種是自己的雙重，一種是跟人家的雙重，就是頂牛。你往這邊來，我也往這邊來，兩人頂在一塊兒了，這是雙重。自己的雙重是，你又要往外放他，又要往回揪他，所以雙重就滯住了。

「每見數年純功不能運化者，率皆自為人制，雙重之病未悟耳。欲避此病，須知陰陽。黏即是走，走即是黏。陰不離陽，陽不離陰，陰陽相濟，方為懂勁。」王宗岳先生所說的懂勁只指陰陽相濟，並未往深裡研究。

「懂勁後，愈練愈精，默識揣摩，漸至從心所欲」。就是說要悟它，漸漸到了我們心所想到的。「本是捨己從人」，就是全身透空，「多誤捨近求遠」，弄錯了反倒捨近求遠了。「所謂差之毫釐，謬以千里，學者不可不詳辨焉」。王宗岳又說：「以心行氣，務令沉著，乃能收斂入骨。以氣運身，務令順遂，乃能便利從心。精神能提得起，則無遲重之虞，所謂頂頭懸也。」精神能提得起，這很重要。因為一個人無論幹什麼，研究學術，鑽研科學，精神不提起不成，把精神集中起來，才能有效益。

「意氣須換得靈，乃有圓活之趣，所謂變動虛實也」。

意和氣本來是兩個東西。意動，氣必然跟上；氣動，意未必跟上。所以意和氣兩個方面要換得靈。該換意的時候換意，該換氣的時候換氣，該換勁的時候換勁，意不到，其他東西都到不了。

「發勁須沉著鬆靜，專主一方」。在推手中有發勁，怎麼發法呢？就是「沉著鬆靜，專主一方」，然後才能發得正確。

「立身須中正安舒，支撐八面」。我們站在那兒要中正、安靜、心裡坦然，不要胡思亂想，思想集中，靜事而信，很靜很正確。信就是不冤人也不騙人，也不受人騙，能支撐八面，無論從哪面來都能應付。

「行氣如九曲珠，無微不到」。關於氣的問題，以後我談有關太極拳的氣功時再詳加論述。

「運勁如百煉鋼，何堅不摧，形如搏兔之鶻，神如捕鼠之貓。靜如山岳，動若山河。蓄勁如開弓，發勁如放箭。曲中求直，蓄而後發。力由脊發，步隨身換」。就是說，發勁的勁是順哪兒來的呢？是順脊背，其實是順腰發的。為什麼要由腰發呢？因為腰是椎骨第二節，是人身的重心之所在。勁由腰發，既根本又實惠。

「步隨身換」的意思是，身體往前、往後、往左、往右，步子要隨身體走，不要拗住。

「收即是放，斷而復連」。我們往外打，打完以後，馬上收回來，收回來的意思是不至於失重。「斷而復連，勁看似斷了，實際上沒有，勁發出去了，已到他身上了。」「往復須有折疊，進退須有轉換」，往復都要有折疊，比方一件

大褂，拎著老長，把它折起來，就可以放在手裡。

「極柔軟然後極堅剛，能呼吸然後能靈活」。這研究的是太極功，在極柔軟之中生出來極堅剛，就是說，陰變成陽，陽變成陰，能呼吸才能靈活。關於呼吸的問題，必須練太極拳內功、氣功，才能明白呼吸的道理。這個問題以後再談。

「氣以直養而無害」，他把這句話借來了。「勁以曲蓄而有餘」，勁老有點富裕，攢著一點，不要弄淨了。「心為令，氣為旗，腰為纛」，腰是大帥，這個東西不能動。「先求開展，後求緊湊，乃可臻於縝密矣」。就是說，練的時候盡量先求開展，漸漸往裡收，收了以後就小了。所以架子從大架子到小架子，如能做到這樣，就達到縝密程度了。

王宗岳又說：「先在心，後在身。」這就是我們現在所說的同時發育。「腹鬆，氣斂入骨」。這個問題我已在《宗氣論》裡作了詳細解釋。有人講「氣斂入骨」的說法不科學。按現在的科學來研究，實際上，氣血都得入骨，入骨後才能隨著脊髓到達大腦，供應腦的營養，能做到這樣，才能「神舒體靜」「一動無有不動，一靜無有不靜，牽動往來氣貼背，斂入脊骨，內固精神，外示安逸」。

怎樣表現呢？就是「邁步如貓行，運勁如抽絲」。練太極拳的人常常講什麼抽絲勁、纏絲勁，其實他沒懂這句話的含義。抽絲不是勁，是說運勁像抽絲似的。因為絲很細，用力大斷了，用力小抽不出來，就是說，既不能過強，也不能過弱，不能過急，也不能過徐，運勁要做到十分自然。

「全身意在精神，不在氣，在氣則滯。有氣者無力，無

氣者純剛。氣如車輪，腰如車軸」。王宗岳還說：「掤捋擠按須認真。」掤捋擠按是太極拳的四種勁，不是方法。「上下相隨人難進」，掤捋擠按用得很熟，對方就沒有機會進到自己的身上。「任他巨力來打我」，這時我就要「牽動四兩撥千斤」。「引進落空合即出，沾連黏隨不丟頂」，引進對方落空了，這時就是合機合勢；不丟頂是不丟不頂的意思。聽著很容易，實際上很不好做，不是丟，便是頂，非得爐火純青，心意很靜，才能做到不丟不頂。

「彼不動，己不動，彼微動，己先動。勁似鬆非鬆，將展未展。勁斷意不斷」。對方不動，我也不動，這是一種說法。還有一種說法，對方不動而我來動。「彼不動，己不動」，也可以說，他不動而由我來動，即所謂主動與被動的問題。「彼微動，己先動」，就是動在他頭裡。關於這一點也有兩種說法。一種是我們身上感覺反應特別靈敏，他要動我們就知道了。另一種是後發先至，他一動，我們也動了，看起來好像是動在他的後頭，實際我們這一動，觸及他的要害，他必然要變化，他這一變化，我們就由被動變成主動。「似鬆非鬆」，像是鬆可又不是鬆。「將展未展」，將要開展可也沒開展，勁斷了，意不能斷。這些都是推手時應當注意的問題。

王宗岳又說：「十三總勢莫輕視」「刻刻留意在腰間」，腹內要鬆要淨，氣自然就騰然了。「尾閭中正神貫頂」，這好像拿一根繩子把一個人繫住了。頭頂上繫一根繩子，底下繫一根繩子，這個人左右前後，無論怎麼歪，怎麼斜，自然拉他不動，移動不了。尾閭中正，精神貫頂，滿身

輕利了，也就是所說的頂頭懸。

「入門引路須口授，功夫無息法自修」，為什麼說必須要口授呢？因為學太極拳必須按部就班地按路子來學。變化也講了，能不能體會呢？這是一個問題。古人說：「仁者見仁，智者見智」就是這個道理。如果口授就好辦了，哪個地方不明白就問，老師知道就告訴你，不知道，研究後再告訴你。功夫不能休息，一定要按部就班，每天怎麼練，必須怎麼練，注意些什麼，怎樣才能收到效果。法要自修，老師教了半天，自己不練，也不體會，也不悟，就學不好。孔子說過：「學而不思則罔，思而不學則殆。」

體跟用以哪個為標準呢？「意氣君來骨肉臣」，就是意氣為主，骨肉為賓。「想推用意終何在，益壽延年不老春」，技擊不過是餘事，不是主要問題。

王宗岳所持之論，側重實際功夫，對於三豐先生的主張演繹頗詳，實在是不愧為親傳的弟子。有人說不是親傳的。這個問題還沒有解決，因為缺乏文獻。王宗岳先生所說的「無過不及，隨曲就伸」「變化萬端，而理為一貫」，這裡由博反約，非常恰當。他又講：「由著熟而漸悟懂勁，由懂勁而階及神明」，當然不會真的到了神明之境，只是走向神明之境，雖不能至，心嚮往之，這一點未免有美中不足之感。「虛靈頂勁，氣沉丹田，不偏不倚，忽隱忽現，左重則左虛，右重則右虛」，這不過是重複一遍沾連走隨而已。「每見數年純功不能運化者，率皆自為人制，雙重之病未悟耳。欲避此病，須知陰陽。黏即是走，走即是黏。陰不離陽，陽不離陰，陰陽相濟，方為懂勁。懂勁後，愈練愈精，

默識揣摩，漸至從心所欲。本是捨己從人，多悟捨近求遠」。這一段也不過是重複連隨，距懂勁之境尚遠，不過了解沾走連隨耳。這個問題，在我寫的《太極拳之研究》一書的第七章有所論述，可惜這本手稿在十年動亂中遺失了，以後想起來再補上。

「發勁須沉著鬆淨，專主一方，立身須中正安舒，支撐八面」。「往復須有折迭，進退須有轉換。極柔軟然後極堅剛，能呼吸然後能靈活」。這一段說的也很好。他還說：「一動無有不動，一靜無有不靜。」這兩句最妙了，深得個中之妙。「彼微動，己先動」，這個說法非常之高。我以前說的「機先動靜」就是這個道理，然非篤功能者，其孰能之。最後「意氣君來骨肉臣」，其用意不失延年益壽之志，闡明了三豐先生之正義。王宗岳先生對太極拳研究得深刻，領悟得透徹，理解得正確，誠所謂前繼古人，後開來者。

（摘自《太極拳歷代名家之造詣》）

吳圖南先生「十字訣」解

研究推遲衰老，跟養生長壽，跟祛病延年，跟練太極拳巧妙的地方，初步說，要練到十個字，即「準、是、穩、脆、真、恰、巧、變、改、整」。如果能練到這十個字，自然動作活潑，思想敏捷，對於一切事物的處理，對於科學之研究，對於應付環境之變化，尤其對我國政策的體會就會特別深。這十個字我略微解釋一下。

準，推手時用得著，我們這隻手去了，不到你的胸部，就到中部；是，比如我們用的是攬雀尾，就得用攬雀尾，而搬攔捶就是搬攔捶；穩，去的時候不是飄飄搖搖的，而是穩穩當當的，十全十美的，各方面都顧及到了；脆，太極拳講究發人，到時候突然一發就出去了；真，真的就是真的，沒有一點含糊，你一伸我故意往後一退，這就不對了，要實事求是；恰，時間上要恰如其分，不快也不慢，不能急也不得徐，說到哪兒就到哪兒；巧，巧者變也，對他巧妙，即彼不動己不動，彼微動己先動；變，估計錯了，去了，一看不對了，就得趕快變；改，不對就改；整，由頭至足，無一處不輕靈，無一處不堅韌，無一處不沉著，無一處不順遂，通體貫串，絲毫無間。這樣來適應環境，研究學術，以求競存於現世，都可達到我們的目的，尤其對四化才能盡到我們的責任，為國家出力。

（摘自《太極拳歷代名家之造詣》）

鬆功論

太極拳其根在腳，發於腿，主宰於腰，形於手指。由腳而腿而腰，總要完整一氣，向前退後，乃能得機得勢，有不得機得勢處，身便散亂，其病必於腰腿求之。凡此皆是意，不在外面，意欲向上，即寓下意，有前即有後，有左即有右，此太極拳通論，人所共知也。然何能至此，迄未言之，此予鬆功論之所由作也。夫人體猶植樹然，根深則蒂固，本

固則枝榮。樹之所以經大風而不傾折者，在根深而本固也，太極拳之所以推挽不移者，亦如是也。於是乎鬆功尚焉。雖然，予創此鬆功，乃由多年體會、多年實踐所得之結論，並未集思廣益，難免閉門造車之弊，深望廣大太極拳愛好者，不吝嘉言，共促祖國醫學太極拳能在普及基礎上有所提高，則幸甚矣。

凡練習太極拳者，皆知鬆、沉為太極拳主要之條件，而於練法與原理，則未見其著述。因此不揣愚陋，略為論述，並創上肢鬆功、軀幹鬆功、下肢鬆功　全體鬆功，凡十五勢，大膽嘗試，作為拋磚引玉而已耳，亦即言者無罪，聽者有戒之義也。

鬆者，蓬鬆也；寬而不緊也；輕鬆也；放開也；輕鬆暢快也；不堅凝也；含有小孔以容其他物質之特性也。凡此種種，皆明示鬆之意義也。功者，勞績也；成效也；事物之效用也；行為之效用，所生之作用也；對事物所顯著之功用與力量也；生理器官之本能，如關節之動轉也；鍛鍊所費之時間也。凡此種種莫不皆明示功之意義也。

鬆功鍛鍊過程，常有各個關節動作不如己意之感，精進不已。漸覺略感隨意，久而久之，方感動作裕如，隨心所欲，處處靈活。此時方知各個關節聽我所用，周身隨意肌方能隨意也。不然，我之周身並不聽我所用，活人乎？病人乎？實難言也。故祖國醫學太極拳對人體慢性病與病後恢復期能起顯著療效者，良以此也。

鬆功之要，首在提舉，提舉愈高，下落愈速。有人不解提舉之理，以為非鬆功也，殊不知向上提舉有如扛鼎，不能

上，安能下？向上不鬆，下安能鬆？學者宜深切體會之，方自得也。鬆功如高舉珠，倏然而斷，有如斷線珍珠，粒粒下落，如珠走盤，圓活異常，節節貫串，魚貫而下，方顯活潑而不遲滯，動作自然，順乎規律，發育身心自然之條件，合乎生理自然之能力，證之科學亦無不合也。

鬆功之效，以樹為例，大風吹柳，枝條搖動，呼嘯有聲，任其搖擺而根不拔者，以其柔韌而順遂也。風吹白楊，枝葉作響而本不動者，以其枝葉抖擻也。風吹松柏，寂然不動而體氣和平者，以其應物自然也。人身透過練習鬆功之後，走如風，站如釘，立如松，坐如鐘，臥如弓。周身無一處不輕靈，無一處不堅韌，無一處不沉固，無一處不順遂，通體貫串，絲毫無間。一處受警，該處立即反射以應之，其他各處不受牽連，周身如點，均能反射，亦即處處是手，不單靠兩手、兩足也。其便利為何如哉！在生理方面，暢運血脈，活動筋骨，身心發育，應物自然，方顯圓活之趣，而無遲重之虞，氣遍周身，強身健體，自在其中矣。且鬆功練習既久，上下左右前後均能鬆展裕如。有如常山之蛇，擊其首則尾應，擊其尾則首應，擊其中則首尾俱應。呼應靈活，動作自然，有返其天真之妙，對於人體預防抻傷、扭傷、脫臼以及畸形發育，均有莫大之裨益，中老年練習者，能推遲人體之衰老，或預防關節之硬化。此為太極拳鬆功之特點。學者如能持之以恆，堅持不懈，自能收強身健體之效，學者不可不知也。

在練習鬆功之初，首先宜注意姿勢之是否正確，動作之能否自然。初練之時，往往有動作不從心之感，是未鬆開之

現象，關節不能柔韌之表現，筋骨不活，血脈運行不暢，未能順乎生理機能之所致。須耐心衝過此一關，然後自然有成，不可灰心而輟也。

中國醫學太極拳之鬆功，自有其科學上之根據，蓋人體生存於地球之上，莫不受地心之吸引（失重除外），因此下降愈速則愈顯沉，能鬆則吸引下降愈速，愈速則愈顯沉，沉寓於鬆，無鬆即無沉。沉者，墜也。下降愈鬆則沉之愈重。故鬆功之鬆與沉，可同時收效，此宇宙自然之理也。學者宜探討之。

中國醫學之太極拳，透過鬆功之鍛鍊，對於太極拳之形與勢亦有莫大之效益。形者，若決積水於千仞之溪，水之性，避高而趨下，決之赴深溪，因湍浚而莫之御也。太極拳鬆功，能乘敵之不備，掩敵之不意，避實而擊虛，亦莫之制也。勢者，坂上走丸，言其易也，鬆功既熟，有如轉圓石於千仞之山者，勢也。勢如破竹，迎刃自解。故太極拳鬆功既成，則能本乎人生天然優美之發育，順先天自然之能力，使全體得充分之發展，謀一生永久之健康，意在斯乎！意在斯乎！此予鬆功之所由作，良以此也。

中國醫學向主不治已病治未病，西醫亦以防治為主，醫療為輔，此中西之通論如此也。而太極拳之鬆功，則使人體各個關節既輕鬆暢快，又靈活異常，既堅韌柔和，又寬而不緊，既無鬆懈乏力，又無堅凝不舒。經過鍛鍊，養成骨節靈敏，韌帶柔韌，肌肉靈活，曲伸自由。如持之以恆，能推遲衰老，與其得病而牽引，倘若未病練鬆功。久而久之，推、拉、挽、轉不能稍移，抻、扭、撮氣，無由而生，順其生理

之機能，維護功能之永保。在技擊方面，人不能到而己能到。語曰：「不怕力大一石，只怕筋長一分。」即此義也。在鍛鍊每章中已說明者，不再重述。學者如能前後精讀、細究，反覆琢磨，參透其中深意，則強身健體，健康長壽，自在其中矣，學者幸勿以予言為河漢也，是為論。

（摘自《太極鬆功》）

跋

中國醫學太極拳，在定勢練習時，務求姿勢正確、動作自然，此為太極拳之基本功，必須耐心鍛鍊、持之以恆，自能收增強體質之效益。然後再做連勢之鍛鍊，不可草率從事。要勢勢送到家，處處不走樣，才能將太極拳全套連為一勢，一氣呵成，顯出輕靈活潑、敏捷連貫之妙，自然感有輕快舒適之意味，則達到身心同時發育之目的矣！然而此時常有感到周身關節不活、動作缺乏柔韌，往往有勢不隨心之感。予針對此一問題，經過數十年之實際體會，創此太極拳鬆功若干則，計十五勢，簡而易行，收效亦宏，頗為學者所歡迎。鬆功練過之後，對於盤架子確實有所提高，此為學者所公論，予亦略堪以自慰耳。茲以鬆功既已練熟，再能作進一步之研究，實有必要，予再提出問題數則，以供學者參考，想亦為學者所樂聞焉：

1. 同方向又同時。
2. 同方向不同時。
3. 不同方向同時。

4. 不同方向不同時。

學者如在此方向與時間兩者之變化加意探討，則一心二用之妙自在掌握之中，對於推手練習時，大有裨益也。要在學者之細心體會耳。

吳圖南跋於北京

（摘自《太極鬆功》）

吳圖南先生生平年表

　　1884 年，農曆正月二十三日生於北京，因體弱多病，其祖父武功將軍子明公（為宮內三品帶刀護衛），其父廉泉公教以武功。

　　1893 年，9 歲時從學於吳鑑泉先生，開始練習太極拳練架、推手等。中學期間提出「中國欲求自強，非人人有尚武精神不可，欲求人人有尚武之精神，非練習國術不可」的尚武強國論。

　　1901 年，從學於楊少侯先生。四年中主習太極功、快架。

　　1924，任教於北京西山萬安小學，結識張鳳岐後人張伯允，獲《張氏隨筆》，得窺楊露禪至京師在張家所教學的內容。始著《太極拳》一書（最初定名為《吳圖南太極功》）。將書稿贈與吳鑑泉先生，惜未出版。

　　1928 年，與同學徐致一先生等人一起，跟隨吳鑑泉先生到南京參加國考（第一屆全國武術國考）。

　　20 年代末至 30 年代初，先在浙江南潯中學教書。後在中央國術館擔任教師。

　　20 年代末至 30 年代初，上海商務印書館相繼出版《科學化的國術太極拳》（1928 年著於浙江南潯中學，1929 年出版）《內家拳太極功玄玄刀》（1932 年著，1935 年出版）《太極劍》（1933 年著，1935 年出版）《國術概論》

（1935 年著，1937 年出版）等書。

30 年代至 40 年代，曾任教於中法國立工學院、南京中央大學、西北聯大、西北工學院、西北法商學院、西北師大等地。

1949 年至 50 年代，從西北歸京，無工作，後與徐悲鴻等名家一同在北平藝專任教，主教中國陶瓷學。著《陶瓷學》一書，徐悲鴻為其題寫書名，惜未出版。中華人民共和國成立後，任北京故宮博物院專門委員，首都博物館保管主任等職。

50 年代至 60 年代，任中國武術學會委員、全國體育科學學會武術學會委員、北京市武術協會副主席。曾多次參加武術研究整理工作和武術教材審定工作。住曉安胡同一號。

1966 年至 1976 年，因解放前曾任國大代表，所以被抄家，遭衝擊（70 年代初曾退賠一部分抄家物資，但有一部分書稿和筆記丟失）。1966 年至 70 年代初，住地藏庵胡同四號。70 年代初，住淨土寺。

70 年代中期，與夫人劉桂貞一同被北京文史館聘為館員。住宣武門西大街十二樓 905 室。

80 年代初期，應邀參加於人民大會堂召開的「首都首屆武術家座談會」，會上與徒孫李璉一起表演了被譽為「輕靈奇巧」的推手。

1984 年 2 月，中國武術協會主席徐才，北京市副市長孫孚凌和統戰部等領導一起到文史館為吳師爺祝百歲壽辰，並頒發了「武術之光」的錦旗，以表師爺對武術界的貢獻。4 月，應邀出席了在武漢舉行的國際太極拳、劍邀請賽，登

場表演，作《關於太極拳的四種功》的學術報告，獲中國武術協會頒發的「武術教育獎」。同年，由吳圖南口授、馬有清老師編著的《太極拳之研究》一書，由香港商務印書館出版。

1987年夏至1988年春，應邀分別參加全國武術學術研討會、首屆中日太極拳比賽交流大會。

1988年，獲中國國際武術節組委會頒發的「武術貢獻獎」。

1989年1月10日，因肺炎合併心衰逝於北京第一福利院。

後　記

　　拙作《楊少侯太極拳用架真詮》在大家的熱心幫助下終於落稿了，我由衷地感謝陳惠良先生的督促；周荔裳老師的指導；余小華、高惠敏夫婦對最初書稿的校對、排版；楠元克彥、楠元美紀子、凌部良子、徐建新、蔡慕蕾等協助攝影。並且借此對曾經熱忱幫助過、支持過我的人們表示感謝。

李璉

2001年 12 月於北京

大展出版社有限公司
品冠文化出版社　圖書目錄

地址：台北市北投區(石牌)　　電話：(02)28236031
　　　致遠一路二段 12 巷 1 號　　　28236033
郵撥：01669551＜大展＞　　　　　28233123
　　　19346241＜品冠＞　　　傳真：(02)28272069

・熱 門 新 知・品冠編號 67

・圍 棋 輕 鬆 學・品冠編號 68

・象 棋 輕 鬆 學・品冠編號 69

·鑑賞系列· 品冠編號 70

1. 雅石鑑賞與收藏　　　　　　　　沈泓著　680元
2. 印石鑑賞與收藏　　　　　　　　沈泓著　680元
3. 玉石鑑賞與收藏　　　　　　　　沈泓著　680元

·女醫師系列· 品冠編號 62

1. 子宮內膜症　　　　　　　　國府田清子著　200元
2. 子宮肌瘤　　　　　　　　　　黑島淳子著　200元
3. 上班女性的壓力症候群　　　　池下育子著　200元
4. 漏尿、尿失禁　　　　　　　　中田真木著　200元
5. 高齡生產　　　　　　　　　　大鷹美子著　200元
6. 子宮癌　　　　　　　　　　　上坊敏子著　200元
7. 避孕　　　　　　　　　　　早乙女智子著　200元
8. 不孕症　　　　　　　　　　　中村春根著　200元
9. 生理痛與生理不順　　　　　　堀口雅子著　200元
10.更年期　　　　　　　　　　　野末悅子著　200元

·傳統民俗療法· 品冠編號 63

2. 神奇拍打療法　　　　　　　　安在峰著　200元
3. 神奇拔罐療法　　　　　　　　安在峰著　200元
4. 神奇艾灸療法　　　　　　　　安在峰著　200元
5. 神奇貼敷療法　　　　　　　　安在峰著　200元
6. 神奇薰洗療法　　　　　　　　安在峰著　200元
7. 神奇耳穴療法　　　　　　　　安在峰著　200元
8. 神奇指針療法　　　　　　　　安在峰著　200元
9. 神奇藥酒療法　　　　　　　　安在峰著　200元
10.神奇藥茶療法　　　　　　　　安在峰著　200元
11.神奇推拿療法　　　　　　　　張貴荷著　200元
12.神奇止痛療法　　　　　　　　漆浩著　200元
13.神奇天然藥食物療法　　　　　李琳編著　200元
14.神奇新穴療法　　　　　　　吳德華編著　200元
15.神奇小針刀療法　　　　　　　韋丹主編　200元
16.神奇刮痧療法　　　　　　　童佼寅主編　200元
17.神奇氣功療法　　　　　　　　陳坤編著　200元

·常見病藥膳調養叢書· 品冠編號 631

1. 脂肪肝四季飲食　　　　　　　蕭守貴著　200元
2. 高血壓四季飲食　　　　　　　秦玖剛著　200元
3. 慢性腎炎四季飲食　　　　　　魏從強著　200元
4. 高脂血症四季飲食　　　　　　　薛輝著　200元

5. 慢性胃炎四季飲食　　　　　馬秉祥著　200 元
6. 糖尿病四季飲食　　　　　　王耀獻著　200 元
7. 癌症四季飲食　　　　　　　李忠著　200 元
8. 痛風四季飲食　　　　　　　魯焰主編　200 元
9. 肝炎四季飲食　　　　　　　王虹等著　200 元
10.肥胖症四季飲食　　　　　　李偉等著　200 元
11.膽囊炎、膽石症四季飲食　　謝春娥著　200 元

・彩色圖解保健・ 品冠編號 64

1. 瘦身　　　　　　　　　　　主婦之友社　300 元
2. 腰痛　　　　　　　　　　　主婦之友社　300 元
3. 肩膀痠痛　　　　　　　　　主婦之友社　300 元
4. 腰、膝、腳的疼痛　　　　　主婦之友社　300 元
5. 壓力、精神疲勞　　　　　　主婦之友社　300 元
6. 眼睛疲勞、視力減退　　　　主婦之友社　300 元

・休閒保健叢書・ 品冠編號 641

1. 瘦身保健按摩術　　　　　　聞慶漢主編　200 元
2. 顏面美容保健按摩術　　　　聞慶漢主編　200 元
3. 足部保健按摩術　　　　　　聞慶漢主編　200 元
4. 養生保健按摩術　　　　　　聞慶漢主編　280 元
5. 頭部穴道保健術　　　　　　柯富陽主編　180 元
6. 健身醫療運動處方　　　　　鄭寶田主編　230 元
7. 實用美容美體點穴術＋VCD　李芬莉主編　350 元
8. 中外保健按摩技法全集＋VCD　任全主編　550 元
9. 中醫三補養生　　　　　　　劉健主編　300 元
10.運動創傷康復診療　　　　　任玉衡主編　550 元
11.養生抗衰老指南　　　　　　馬永興主編　350 元
12.創傷骨折救護與康復　　　　鍾杏梅主編　220 元

・名醫與您・ 品冠編號 6501

1. 高血壓、高血脂　　　　　　項志敏編著　220 元
2. 糖尿病　　　　　　　　　　杭建梅　220 元
3. 心臟病　　　　　　　　　　于全俊編著　220 元
4. 腎臟病　　　　　　　　　　趙硯池編著　220 元
5. 肝病　　　　　　　　　　　金瑞編著　220 元
6. 骨科病　　　　　　　　　　張春雨編著　220 元

・健康新視野・ 品冠編號 651

1. 怎樣讓孩子遠離意外傷害　　高溥超等主編　230 元

2. 使孩子聰明的鹼性食品　　　　　高溥超等主編　230元
3. 食物中的降糖藥　　　　　　　　高溥超等主編　230元
4. 開車族健康要訣　　　　　　　　高溥超等主編　230元
5. 國外流行瘦身法　　　　　　　　高溥超等主編　230元

・少 年 偵 探・品冠編號66

1. 怪盜二十面相　　　　　（精）　江戶川亂步著　特價189元
2. 少年偵探團　　　　　　（精）　江戶川亂步著　特價189元
3. 妖怪博士　　　　　　　（精）　江戶川亂步著　特價189元
4. 大金塊　　　　　　　　（精）　江戶川亂步著　特價230元
5. 青銅魔人　　　　　　　（精）　江戶川亂步著　特價230元
6. 地底魔術王　　　　　　（精）　江戶川亂步著　特價230元
7. 透明怪人　　　　　　　（精）　江戶川亂步著　特價230元
8. 怪人四十面相　　　　　（精）　江戶川亂步著　特價230元
9. 宇宙怪人　　　　　　　（精）　江戶川亂步著　特價230元
10.恐怖的鐵塔王國　　　　（精）　江戶川亂步著　特價230元
11.灰色巨人　　　　　　　（精）　江戶川亂步著　特價230元
12.海底魔術師　　　　　　（精）　江戶川亂步著　特價230元
13.黃金豹　　　　　　　　（精）　江戶川亂步著　特價230元
14.魔法博士　　　　　　　（精）　江戶川亂步著　特價230元
15.馬戲怪人　　　　　　　（精）　江戶川亂步著　特價230元
16.魔人銅鑼　　　　　　　（精）　江戶川亂步著　特價230元
17.魔法人偶　　　　　　　（精）　江戶川亂步著　特價230元
18.奇面城的秘密　　　　　（精）　江戶川亂步著　特價230元
19.夜光人　　　　　　　　（精）　江戶川亂步著　特價230元
20.塔上的魔術師　　　　　（精）　江戶川亂步著　特價230元
21.鐵人Q　　　　　　　　（精）　江戶川亂步著　特價230元
22.假面恐怖王　　　　　　（精）　江戶川亂步著　特價230元
23.電人M　　　　　　　　（精）　江戶川亂步著　特價230元
24.二十面相的詛咒　　　　（精）　江戶川亂步著　特價230元
25.飛天二十面相　　　　　（精）　江戶川亂步著　特價230元
26.黃金怪獸　　　　　　　（精）　江戶川亂步著　特價230元

・名 人 選 輯・品冠編號671

1. 佛洛伊德　　　　　　　　　　　傅陽主編　200元
2. 莎士比亞　　　　　　　　　　　傅陽主編　200元
3. 蘇格拉底　　　　　　　　　　　傅陽主編　200元
4. 盧梭　　　　　　　　　　　　　傅陽主編　200元
5. 歌德　　　　　　　　　　　　　傅陽主編　200元
6. 培根　　　　　　　　　　　　　傅陽主編　200元
7. 但丁　　　　　　　　　　　　　傅陽主編　200元
8. 西蒙波娃　　　　　　　　　　　傅陽主編　200元

5

86.楊式太極拳詮釋【練習篇】	王志遠編著	280 元
87.中國當代太極拳精論集	余功保主編	500 元
88.八極拳運動全書	安在峰編著	480 元
89.陳氏太極長拳 108 式＋VCD	王振華著	350 元
90.太極拳練架真詮	李璉著	280 元
91.走進太極拳 太極拳初段位訓練與教學法	曾乃梁編著	300 元
92.中國功夫操	莊昔聰編著	280 元

・彩色圖解太極武術・大展編號 102

1. 太極功夫扇	李德印編著	220 元
2. 武當太極劍	李德印編著	220 元
3. 楊式太極劍	李德印編著	220 元
4. 楊式太極刀	王志遠著	220 元
5. 二十四式太極拳(楊式)＋VCD	李德印編著	350 元
6. 三十二式太極劍(楊式)＋VCD	李德印編著	350 元
7. 四十二式太極劍＋VCD	李德印編著	350 元
8. 四十二式太極拳＋VCD	李德印編著	350 元
9. 16 式太極拳 18 式太極劍＋VCD	崔仲三著	350 元
10.楊氏 28 式太極拳＋VCD	趙幼斌著	350 元
11.楊式太極拳 40 式＋VCD	宗維潔編著	350 元
12.陳式太極拳 56 式＋VCD	黃康輝等著	350 元
13.吳式太極拳 45 式＋VCD	宗維潔編著	350 元
14.精簡陳式太極拳 8 式、16 式	黃康輝編著	220 元
15.精簡吳式太極拳 <36 式拳架‧ 推手>	柳恩久主編	220 元
16.夕陽美功夫扇	李德印著	220 元
17.綜合 48 式太極拳＋VCD	竺玉明編著	350 元
18.32 式太極拳（四段）	宗維潔演示	220 元
19.楊氏 37 式太極拳＋VCD	趙幼斌著	350 元
20.楊氏 51 式太極劍＋VCD	趙幼斌著	350 元
21.嫡傳楊家太極拳精練 28 式	傅聲遠著	220 元
22.嫡傳楊家太極劍 51 式	傅聲遠著	220 元
23.嫡傳楊家太極刀 13 式	傅聲遠著	220 元

・國際武術競賽套路・大展編號 103

1. 長拳	李巧玲執筆	220 元
2. 劍術	程慧琨執筆	220 元
3. 刀術	劉同為執筆	220 元
4. 槍術	張躍寧執筆	220 元
5. 棍術	殷玉柱執筆	220 元

• 簡化太極拳 • 大展編號104

1. 陳式太極拳十三式	陳正雷編著	200元
2. 楊式太極拳十三式	楊振鐸編著	200元
3. 吳式太極拳十三式	李秉慈編著	200元
4. 武式太極拳十三式	喬松茂編著	200元
5. 孫式太極拳十三式	孫劍雲編著	200元
6. 趙堡太極拳十三式	王海洲編著	200元

• 導引養生功 • 大展編號105

1. 疏筋壯骨功＋VCD	張廣德著	350元
2. 導引保建功＋VCD	張廣德著	350元
3. 頤身九段錦＋VCD	張廣德著	350元
4. 九九還童功＋VCD	張廣德著	350元
5. 舒心平血功＋VCD	張廣德著	350元
6. 益氣養肺功＋VCD	張廣德著	350元
7. 養生太極扇＋VCD	張廣德著	350元
8. 養生太極棒＋VCD	張廣德著	350元
9. 導引養生形體詩韻＋VCD	張廣德著	350元
10.四十九式經絡動功＋VCD	張廣德著	350元

• 中國當代太極拳名家名著 • 大展編號106

1. 李德印太極拳規範教程	李德印著	550元
2. 王培生吳式太極拳詮真	王培生著	500元
3. 喬松茂武式太極拳詮真	喬松茂著	450元
4. 孫劍雲孫式太極拳詮真	孫劍雲著	350元
5. 王海洲趙堡太極拳詮真	王海洲著	500元
6. 鄭琛太極拳道詮真	鄭琛著	450元
7. 沈壽太極拳文集	沈壽著	630元

• 古代健身功法 • 大展編號107

1. 練功十八法	蕭凌編著	200元
2. 十段錦運動	劉時榮編著	180元
3. 二十八式長壽健身操	劉時榮著	180元
4. 三十二式太極雙扇	劉時榮著	160元
5. 龍形九勢健身法	武世俊著	180元

• 太極跤 • 大展編號108

1. 太極防身術	郭慎著	300元
2. 擒拿術	郭慎著	280元

3. 中國式摔角　　　　　　　　　　　郭慎著　350 元

• 輕鬆學武術 • 大展編號 109

1. 二十四式太極拳(附 VCD)　　　　　王飛編著　250 元
2. 四十二式太極拳(附 VCD)　　　　　王飛編著　250 元
3. 八式十六式太極拳(附 VCD)　　　曾天雪編著　250 元
4. 三十二式太極劍(附 VCD)　　　　秦子來編著　250 元
5. 四十二式太極劍(附 VCD)　　　　　王飛編著　250 元
6. 二十八式木蘭拳(附 VCD)　　　　秦子來編著　250 元
7. 三十八式木蘭扇(附 VCD)　　　　秦子來編著　250 元
8. 四十八式木蘭劍(附 VCD)　　　　秦子來編著　250 元

• 原地太極拳系列 • 大展編號 11

1. 原地綜合太極拳 24 式　　　　　胡啟賢創編　220 元
2. 原地活步太極拳 42 式　　　　　胡啟賢創編　200 元
3. 原地簡化太極拳 24 式　　　　　胡啟賢創編　200 元
4. 原地太極拳 12 式　　　　　　　胡啟賢創編　200 元
5. 原地青少年太極拳 22 式　　　　胡啟賢創編　220 元
6. 原地兒童太極拳 10 捶 16 式　　　胡啟賢創編　180 元

• 名師出高徒 • 大展編號 111

1. 武術基本功與基本動作　　　　　劉玉萍編著　200 元
2. 長拳入門與精進　　　　　　　　吳彬等著　220 元
3. 劍術刀術入門與精進　　　　　楊柏龍等 著　220 元
4. 棍術、槍術入門與精進　　　　邱丕相編著　220 元
5. 南拳入門與精進　　　　　　　朱瑞琪編 著　220 元
6. 散手入門與精進　　　　　　　　張山等著　220 元
7. 太極拳入門與精進　　　　　　李德印編著　280 元
8. 太極推手入門與精進　　　　　田金龍編著　220 元

• 實用武術技擊 • 大展編號 112

1. 實用自衛拳法　　　　　　　　　溫佐惠著　250 元
2. 搏擊術精選　　　　　　　　　陳清山等著　220 元
3. 秘傳防身絕技　　　　　　　　　程崑彬著　230 元
4. 振藩截拳道入門　　　　　　　　陳琦平著　220 元
5. 實用擒拿法　　　　　　　　　　韓建中著　220 元
6. 擒拿反擒拿 88 法　　　　　　　　韓建中著　250 元
7. 武當秘門技擊術入門篇　　　　　　高翔著　250 元
8. 武當秘門技擊術絕技篇　　　　　　高翔著　250 元
9. 太極拳實用技擊法　　　　　　　武世俊著　220 元

國家圖書館出版品預行編目資料

楊少侯太極拳用架真詮 / 李璉 著
－初版－臺北市：大展‧2005【民 94.06】
面；21 公分－（武術特輯；67）
ISBN 978-957-468-381-9（平裝）
1. 太極拳
528.972　　　　　　　　　　94004461

楊少侯太極拳用架真詮

編　著 / 李　　璉
責任編輯 / 張　建　林
發 行 人 / 蔡　森　明
出 版 者 / 大展出版社有限公司
社　　址 / 台北市北投區（石牌）致遠一路 2 段 12 巷 1 號
電　　話 / (02) 28236031‧ 28236033‧ 28233123
傳　　真 / (02) 28272069
郵政劃撥 / 01669551
網　　址 / www.dah-jaan.com.tw
E - m a i l / service@dah-jaan.com.tw
登 記 證 / 局版臺業字第 2171 號
承 印 者 / 高星印刷品行
裝　　訂 / 建鑫裝訂有限公司
排 版 者 / 弘益電腦排版有限公司
授 權 者 / 北京人民體育出版社
初版 1 刷 / 2005 年（民 94）6 月
初版 2 刷 / 2009 年（民 98）7 月　　　　　　　定價 / 280 元

●本書若有破損、缺頁敬請寄回本社更換●

大展好書　好書大展
品嘗好書　冠群可期